舟木本 洛中洛外図屏風「祇園会」六角堂付近（東京国立博物館蔵
Image:TNM Image Archives Source:http://TnmArchives.jp

戦国の「いたずら者」
前田慶次郎

池田公一

はじめに

加賀百万石の基礎を築いた前田利家は、織田信長の近習から身を起こし、晩年は豊臣秀吉の信頼のもと、五大老の一人となり、秀頼の傅役《もりやく》として、最期まで徳川家康と政局を張り合った人物であり、ファンも多い。ところで、私も一九九九年に『槍の又左・前田利家―加賀百万石の胎動―』(新人物往来社刊)を上梓《じょうし》してから、十年の歳月が流れた。

この間、絶えず気にかけていたことがある。それは、多少の紆余曲折《うよきょくせつ》はあったにせよ、結果的には百万石大名への出世街道を歩んだ利家の対極に、ほぼ同時代を生きた慶次郎の存在があったことである。利家と慶次郎、この二人の人生は、まさに百万石成立の光と影の関係にあったといえる。利家が歴史の舞台で活躍の場を得て輝きを増す一方で、慶次郎の存在は、それに反比例するかのように影の存在として、不鮮明なものとなっていくのである。

それゆえ、加賀百万石の成立を考えるとき、「光」輝く利家のみならず、「影」の部分を担った慶次郎の存在を再評価し、人物像を考察することは、不可欠な課題になるのではないだろうかと自問し続けてきた。いわば、この十年間は慶次郎の存在なくしては、加賀百万石の成立は完結しないのではないかと思案し続けた歳月でもあった。

だが、影に追いやられた慶次郎に関する一等史料（慶次郎が生きた時代の古文書、古記録などの文献）は余りにも少ない。むしろ、ほとんど皆無に近いといっていい。そのこと自体が、慶次郎という人物を知る上で手がかりになるのではないかとの、あきらめと居直りが原点にあったことも否めない。

ところで、慶次郎の人物像を知る手がかりとして、「かぶき者」としての多くの逸話や伝承が知られる。慶次郎の逸話の舞台となったのは、利家の下から出奔した後の京都のほかは、ほとんどが上杉氏への出仕後の会津若松、米沢なのだ。出奔以前のものでは、わずかに検田使として利家が陸奥南部、出羽秋田へ赴いた利家に随行した際の「南部のそっぺら」について以外、ほとんど確認されない点は注目される。

換言すれば、養父利久と共に尾張荒子《あらこ》を退去してから、舅安勝らの計らいで、能登国主となった利家に仕え、出奔するまでの慶次郎の具体的な動向や逸話が、加賀前田家や同家中の史料には、現段階ではほとんど確認されないのである。このことは、いったい何を意味しているのかというと、短絡的には慶次郎に関する史料は、前田家の禁忌として、早くも出奔直後には闇に葬られたといってよいのではないか。それほどまでに慶次郎の「かぶき」に彩られた破天荒な行動は、利家の怒りをかったことをうかがわせるのだ。

これとは対照的に会津以降、米沢藩上杉氏の下では、慶次郎の存在は数多くの逸話や伝承を通して不死鳥のようによみがえっている。それゆえに、慶次郎の人物像について、詳細な動向を知る手がかりとなる一等史料がほとんど見られず、結果的には後世の文献から部分的、断片的な人物像がぼんやりと浮かんでいるに過ぎないのだ。

後世に伝えられた数多くの逸話を通して「かぶき者」慶次郎の人物像の一端をうかがい知ることができる。文武両道に秀でる一方で、真冬に利家を冷水風呂に入れて前田家から出奔した話、太閤秀吉の御前で大いに「傾《かぶ》いて」、天下御免の免許を得た話などから、現実を否定する慶次郎に憧憬《しょうけい》を抱く。また、一方で関ケ原合戦時の出羽最上口での活躍、さらに戦後の主君上杉家の米沢転封に際して、多くの大名からの召し抱えの引き合いがあったものの、キッパリと断り、同家に対する律義を貫いた潔さに酔いしれるのだ。

だが、多くの逸話で構築された慶次郎の人物像は、いったいどこまでが実像といえるのかという疑問が生じてくる。慶次郎の実像をどのような方法(視点)で構築していけばよいのか。この方法が見つからない限り、慶次郎は謎の多い人物という評価で終始してしまうではないか。

そこで、一つの方法として、「時代が人を創る」「人が歴史を創る」といった「格言」に則って、本書では戦国から天下統一、関ケ原から大坂の陣に至る流動的な時空間に、歴史の所産ともいうべき慶次郎という人物をもう一度、思い切って投げ込んでみたい。

慶次郎の実像は、この間の歴史的背景に必ずや反映されているのではないか。歴史的背景を映画館のスクリーンに見立て、そこに慶次郎を立たせてみるやり方が最も妥当な方法ではなかろうか。スクリーンには、慶次郎が生きた十六世紀の三〇年代から十七世紀の一〇年までの風景と、慶次郎と対比される利家、「天下人」信長、秀吉、家康、景勝、兼続をはじめ、関わりを持った多くの人物をその都度登場させる。それによって、彼の実像を探ろうという方法しかないと確信した。

歴史研究者としては、確たる証左もなく多少危険な方法かもしれないが、利家との関係を基本軸として、人間関係の広がりと時間的な経緯に頼りながら、可能性の許す限り、ギリギリの許容範囲の中で、慶次郎の実像に迫りたいと思うのだ。

平成二十一年七月

池田公一

目次

一、謎多き人物

慶次郎という男

戦国の世を生きた「前田慶次郎」（慶次とも）という男については、とにかく謎が多い。一人の人物を知る上での基本的要素としての出自、生没年、享年、終焉の地などについても、史書によって異同があり、不明な点が余りにも多いのだ。

「傾奇《かぶき》者」として、奇行の持ち主で何かとお騒がせな逸話の多い慶次郎の人物像について、

○「天性の徒《いたず》ら者にて一代の咄《はなし》、色々多き人也、（中略）武辺度々に及び、学文、歌道、乱舞に長じ、源氏物語の講釈、伊勢物語の秘伝迄、伝へて文武の兵也」（『武辺咄聞書』）。

○「天性、徒《いたずら》ものにて一代の咄色々あり。（中略）武功度々申すに及ばず、学問、歌道、乱舞に長じ、源氏物語の講釈、伊勢物語の秘伝をうけて、文武の士と云う」（『可観小説』）。

○「異形なる体なり。詩歌の達者なり（中略）論語の講釈を致し、又は源氏物語をする」（『北越耆談』）。

○「武勇の場数、人に越えたる人なり。ひやうげ人にて何事も人に替り、出家のやうなるきやうがい（境涯）なり」（『桑華字苑《そうかじえん》』）。

○「若年より人にかはりて異風なる人也」(『三壷聞書《みつぼききがき》』)。
○「世に云ひ伝わる通りの替(変)り人也」(『重輯雑談《じゅうしゅうぞうだん》』)。
○「武辺、人の知りたる勇士也」(『雑記』)。
○「心たくましく、猛将たり」(『考拠摘録』)。
などと史書に見える。

慶次郎は、宗兵衛とも、初名は利益《とします》、のち利太《としたか》(「としおき」とも)のほか、一名利大《としひろ》、利卓《としたか》、利治《としはる》、利貞《としさだ》、号は「穀蔵院ひょっと斎」「龍砕軒不便斎」「一夢庵」などと称した。

加賀藩主前田家の系譜を記した『本藩系譜』(『金沢市史　資料編三　近世一』所収)は、天保九年(一八三八)十二月、十三代藩主斉泰の時に作成されたもので、作者は不明とされる。利久・慶次郎父子に関する記事は、巻二十二の休岳公(利家の父利春)六公子伝の冒頭に見られる。

それによると、慶次郎は利久の婿養子となり、初め信長に仕え、のち利家に従い六千石の地を与えられたが、その後、禄を辞し、京師に至った。慶長五年(一六〇〇)関ケ原の合戦以前に奥州に赴き、国老直江兼続の推挙をもって上杉景勝に仕えて、二千石を拝領したとされる。兼続に属して、出羽最上家の兵と戦い、天童城(畑谷・長谷堂両城の誤りか)攻めなどで奮戦して、たびたび戦功を上げた。景勝が米沢に移封された時、処士となった。諸侯がその勇名を聞き付け、召し抱えようとしたが、これに応ぜず、奥州会津で没したとされる。性格は「豪夾《ごうきょう》」にして、「驍勇《ぎょうゆう》」、また、「恢諧《かいかい》」にして、よく詩を賦《ふ》し、連歌に巧みな能力を発揮したとされる。

初名である利益の名は、養子に入った前田家の通字である「利」の字に、実家に当たる滝川家の「益」の通字を連ねたものであり、前田家の人になっても、滝川家の出身であるというプライドに裏打ちされている。慶次郎がその後、「益」の字を捨てて、改名を重ねていったのには、自身の人生の変転、滝川家の頂点にあった一益《かずます》の没落などが背景としてあったと思われる。

なお、一等史料の残り具合から見ても、ほぼ同時代を生きた利家と慶次郎の差は歴然としている。この差を加賀藩成立の側面で見てゆくと、前田家を百万石大名へ押し上げ「光」の部分で生きた藩祖利家と、結果的には前田の家督を取り損ない、利家の出世の「影」で生きた慶次郎という構図が見えてくる。いわば、両者の間には戦国から天下統一に至る歴史上の人物の生き方における「明」「暗」の対比が、はっきりと見られるのだ。

没年と終焉の地をめぐって

慶次郎が謎多き人物とされる理由の一つに、没年と終焉地の問題がある。『加賀藩史料』編外備考などの前田氏の系譜は、没年月日を慶長十年（一六〇五）十一月九日、大和苅布《かりめ》を終焉地とするが、『本藩歴譜』（加賀）では、卒年不詳として、会津田畑村百姓大隅の家を終焉の地とする説も見られる。

一方、米沢方の史料によれば、慶長十七年（一六一二）六月四日、米沢郊外の堂森を終焉の地とする。しかし、生年を天文十一年（一五四二）頃とする曖昧《あいまい》な説もあり、享年すらはっきりしないのだ。なお、後世の加賀藩側の『可観小説』でも

「景勝（上杉）の家を出ず、景勝の子息弾正大弼《だんじょうたいひつ》忠勝（定勝）まで長命にて、米沢にて病死しける」

とある。没年は見られないものの、景勝の子定勝の代に米沢で病死したという説をあげている。無論、不明な点が多い。

同書が成立した時期には、慶次郎に関する記録がすでに加賀藩でも見られなくなっていた。実はこのこと自体が問題なのである。米沢方の研究者には、加賀藩側の史料について、加賀藩の成立という政治史的な背景を有する利家・利長父子との関係を考察する

ことなく、記事の信憑性《しんぴょうせい》に疑いをもつことに終始しているきらいがないわけではない。また、慶次郎の逸話については、出奔以後、殊に景勝に仕官した後のものが圧倒的に数も多く、これに因《ちな》んだ遺跡などが整備されているといった、後世に状況証拠を単に積み重ねた点にも留意すべきであろう。

年齢差に見る慶次郎と利家

近年出版されている慶次郎に関する多くの図書では、米沢を終焉地とする説が有力視されているようである。だが一方、加賀藩の記録などに基づき、終焉地を大和とする説も存在する。大和終焉説・米沢終焉説の対立は、慶次郎と利家の年齢差を左右する重要な問題をもはらんでいる。利家は慶次郎の養父利久の弟、つまり叔父に当たるものの、二人はほぼ同年代なのだが、両説の間では、十年ほどの年齢差に違いが生じるのだ。すなわち、大和終焉説では慶次郎の方が利家より五歳年長となり、米沢終焉説では利家の方が慶次郎より四歳年長となるのだ。米沢終焉説有利の背景には、前田家における慶次郎に関する記録が少なすぎるというのが一因にあるようだ（戦国歴史研究会『前田慶次』）。

大和終焉説の典拠となる、『加賀藩史料』編外備考に見える「慶長十年十一月九日、大和苅布に歿す、享年七十三」という記事は、晩年の慶次郎を世話し、臨終に立ち会い、墓所の築造にたずさわった野崎八左衛門知通が七十七歳の時に禁忌を破って、慶次郎の子孫で主人となっていた戸田氏に宛て口述筆記させた遺言書を根拠としている。慶次郎の没年月日、葬地、享年も記されている。

仮に高齢の八左衛門が耄碌《もうろく》していたとしても、遺言書に書かれてある記事を全否定するほどの根拠にはなり得ないはずである。加賀藩側の記録の少なさこそ、慶次郎に対する警戒感の証であり、終焉地を自ずと暗示しているのではないかと思うのだ。

米沢終焉説では年齢、立場の点で、利家が上、慶次郎が下という人物像、すなわち、年上の叔父利家と年下の甥慶次郎という人間関係が出来上がっているのだ。若い慶次郎が利家に刃向かう方法として、「かぶき者」としての行動を選択したと考える方が理解しやすく、それゆえに、「そうあってほしい」という願望が存在しているのではないか。利家より若い慶次郎こそ「かぶき者」にふさわしいとする考え方が、「年下の慶次郎」という虚像を作り上げてはいないだろうか。

一方、大和終焉説では、年齢は慶次郎の方が利家より上だが、立場は家督を継承した利家が上という、複雑な上下関係が見えてくる。こういった関係を打破するため、慶次郎は「かぶき者」として利家を超越していくのだ。擬制的な家族関係として、利家が叔父、慶次郎が甥であっても、家督継承予定者であったというプライドと年齢が、慶次郎をより一層高度な「かぶき者」に昇華していくのだ。以上の点から、本書では、あえて加賀藩に残された記録に注目し、利家より年長の慶次郎を設定し、筋金入りの「かぶき者」から、やがては利家をして「いたずら者」と呼ばしめるに至った慶次郎の人物像を考えてみたいのだ。

天文二年生まれ

加賀藩の記録では、享年を七十三としているから、数え年を考慮して慶次郎の生年を逆算してみると、天文二年（一五三三）ということになる。天文二年という年は、後奈良天皇が在位、室町幕府の将軍は十二代足利義晴であったが、すでに統治権を失って近江に逃亡中であった。また、畿内では細川晴元が一向宗門徒と抗争、のち本願寺証如と和睦がなされる一方、法華宗徒が京都の市政を掌握した頃であった。

西国では、周防の大内義隆が筑前に侵攻中、東国では安房の里見氏の内紛などが起こっている。また近年世界遺産として脚光を浴びている石見の大森銀山で、神谷寿禎《かみやじゅてい》が灰吹き法による銀の精錬に成功したのも、この年であったとされる。

年齢の差ゆえ、慶次郎が最もその存在を意識した利家が天文七年（一五三八）生まれで五歳下（なお、利家の生年については、天文六年説もある）であるにも関わらず、系譜上、利家は慶次郎にとっては義理の叔父という関係であった。甥が叔父より歳上という現象は、兄弟の数が多かった当時にあっては、ままありそうなことであり、養父利久と慶次郎との親子関係を重視すれば、利久と弟利家の年齢差が親子ほどもあったことも十分考えられる。また、利久と慶次郎の年齢差が親子ほどでないとすれば、慶次郎を養子としたそれなりの関係が、利久と慶次郎の実父とされる滝川益氏《ますうじ》（あるいは一益とも）の間にあったことも考えられるのだ。

そのほか、慶次郎の人生に関わる主要な人物を見てゆくと「天下人」が天文三年（一五三四）生まれで一歳下、豊臣秀吉が天文六年（一五三七）生まれで四歳下、徳川家康が天文十一年（一五四二）生まれで九歳下、また、のちに慶次郎が前田家から出奔して仕えた上杉景勝は実に弘治元年（一五五五）生まれで二十二歳下、直江兼続は永禄三年（一五六〇）生まれで二十七歳下といった、親子ほどの年齢の差があった。明らかに一世代若い人たちが世の中を動かしているという現実の中で、同時代を生きていたのだ。慶次郎の奇行、思考、謎の多い人生について解明する鍵の一つがこの点にもあるようだ。

慶次郎の出自

前田慶次郎の実家は滝川氏。信長配下の部将として知られる滝川左近将監《さこんしょうげん》一益の一族とされる。『加賀藩史料』第一篇所収の史書及び前田家の系譜を記した『同』編外備考などを見ていくと、

①『村井重頼覚書』では、慶次郎は滝川左近(一益)の甥で、儀大夫とは従兄弟の間柄であった。

②『考拠摘録』では、慶次郎は滝川左近将監一益の弟。

③『桑華字苑』では、慶次郎は滝川一益の甥滝川儀大夫の夫人が、懐妊して前田利家の舎弟五郎兵衛(安勝)に嫁して生まれたとするが、明らかに舎兄蔵人《くろうど》利久の誤りであろう。

④『三壷聞書』では、慶次郎は滝川一益の子。

⑤『重輯雑談』では、『三壷聞書』を掲げながら「御同苗実の由、但し連続の段は不詳也」として、慶次郎が一益とは同苗(一族)である点を認めながらも、一益とのつながりについては不詳とする。

⑥『本藩歴譜』では、慶次郎は滝川左近将監(一益)の従子(甥)儀大夫益氏の子。ある

いは一益の子という。同書が引く『真偽一統志』によれば、益氏の討死後、懐妊中の婦妾が利久（利家の兄）の夫人となったために、当然の流れとして、利久が養子にしたともいわれる。

⑦『加賀藩史料』編外備考では、慶次郎を尾張（伊勢の誤りか）嶺城主滝川儀大夫益氏の男、養父利久の夫人を益氏の妹としている。

以上の点から、慶次郎の出自について、滝川益氏の子（③⑥⑦）、滝川一益の弟（②）、滝川一益の子（④⑥）、一益の甥で、益氏の従兄弟（①）といった諸説がある。無難なところでは、⑤慶次郎は滝川一益の一族であったという説に落ち着くのだが、①慶次郎は一益の甥であり、慶次郎と儀大夫益氏とは従兄弟の関係であったとする説を掲げる『村井重頼覚書』は、生前の利家に小姓として仕えた重頼がその言行を記録していることから、他の史書よりも信憑性が高いものと考えられる。

ところで、③⑥の記事から推測すると、懐妊中に夫儀大夫が戦死したために、慶次郎の母が利久に再嫁して慶次郎を生んだということになる。儀大夫の戦死を機に、懐妊中の婦妾が前田利久の夫人となり、天文二年（一五三三）に慶次郎が利久の居城荒子城で誕生したとも考えられる。戦国の世にあっては、斎藤義龍、細川幽斎（後述）の出自や、利家夫人松の母が夫篠原主計《かずえ》の死後、松姉妹を連れて篠原氏の族縁に当たる高畠直吉に再嫁したこともその一例であり、慶次郎の出生の秘密も案外この辺に求めることができるではないだろうか。

その点で、⑦は利久夫人を益氏の妹としているが、慶次郎の母を益氏の婦妾（側室）とするか、益氏の妹とするかで、慶次郎の人生事情もかなり違うものとなってくる。前者であれば、荒子城で誕生し、同時に利久の養子となった。後者であれば、利久と益氏の妹の結婚、利久夫人から兄益氏への養子縁組の懇請、さらに益氏のもとから慶次郎が荒子に赴き、利久の養子にといった段階を経ることとなるはずであるが、その辺の事情や、慶次郎と一益との詳細な血縁関係を伝える史書はほとんど見られない。

その背景には、一益が後に秀吉の怒りをかって越前大野に蟄居《ちっきょ》、のちに家号を譲られた雄利《かつとし》も関ケ原合戦で西軍に属して除封、その後常陸で二万石を与えられたが、その子正利はわずか二千石に減封され、滝川氏の正史を作成することができなかったという事情もある。とまれ、慶次郎の養子問題を通して、益氏と利久の間に「義兄弟」関係を結んだことには、滝川・前田両氏にとって、何らかのメリットがあったのだろう。

なお、慶次郎が益氏の胤でありながら、養父利久の隠居以来、利家への再仕、前田家からの出奔といった人生のいくつかの局面にあっても、滝川の姓に改めず、前田の姓にこだわったのも、単なるライバル利家との意地の張り合い以上に、自身の出生や生涯にわたる養父利久に対する恩義などが背景にあったことをうかがわせるのだ。その点を加味して考えると、慶次郎は荒子城で生まれ、利久を実父のように慕っていたのではないかと想定することも可能となってくる。

滝川儀大夫家に関する疑問

ところで、滝川氏の出自自体、不明な点も多い。一益は紀氏の出で、河内高安庄司の流れとされ、幼年から鉄砲の稽古に専念した。一族の高安某《なにがし》を殺害し、国元を出奔したとされる。あるいは近江甲賀の生まれと伝えられ、信長が美濃の斎藤道三を攻略した際、信長の家臣となったといわれるから、いわば新参衆の一人であった。

なお、一益の生年は大永五年（一五二五）とされているから、『加賀藩史料』編外備考の説によれば、慶次郎より八歳上となるが、大オジに当たる一益との歳の差が余りにも小さい。この点から、一益の兄弟に当たる慶次郎の祖父か祖母の歳の差がかなり大きいということか、あくまで一益と慶次郎は系譜上、擬制的な大オジと甥の関係だが、血縁的にはオジと甥といった、より親密な関係であったことが考えられる。

戦国の世は実力がものをいう時代であった。織田家の部将として頭角を現した一益の知名度が高くなったことから、同氏の中心は一益の許にあった。滝川氏に関する系譜、史書では、一益の父は一勝、一益の子に一忠、その弟に一時などが見え、「一」を通字としている。一方、儀大夫家は益氏、益重というように「益」を通字としている。

益氏について、『加賀藩史料』編外備考などには、尾張嶺(峯)城主と見えるが、峯城は尾張ではなく、伊勢、現在の三重県亀山市に位置する。しかも、『勢州軍記』などによれば、天正十一年(一五八三)滝川一益が峯城を占領し、儀大夫を守将として配置したことが知られる。

高柳光寿・松平年一『戦国人名辞典』滝川益重の項では、『加賀藩史稿』を引き、儀大夫益重=益氏としている。同項によれば、益重は一益の家臣として、天正十一年(一五八三)峯城に拠って秀吉軍に抗して防戦したが、一益は降伏、その後秀吉に召し出され、翌年の小牧合戦、同十五年(一五八七)の九州攻めに従軍している。仮に益氏=益重とし、その子慶次郎が天正十一年段階で五十歳を過ぎていることから推量すると、益氏は峯城合戦時には七十歳前後の高齢であったことがうかがわれる。

だが、前掲③⑥などから、慶次郎誕生以前に父が戦死したという記事を信じるならば、天正十一年の峯城合戦時には益氏は存在しないことになり、益氏と益重は別人と判断せざるを得なくなる。むしろ、慶次郎の兄で益氏の跡目を継ぎ儀大夫と名乗った人物として益重を想定する方が、年齢の点からも妥当ではないかと考えたい。

『信長公記』によると、天正十年(一五八二)三月十一日に織田軍の攻略により、武田勝頼・信勝父子、夫人(北条氏康の娘)、一門が甲斐田野で滅亡した際、その攻撃軍の先陣を命じられたのが滝川儀大夫・篠岡平右衛門の両名であったが、この儀大夫は益重に推定されないだろうか。

なお、①では慶次郎と益氏とは従兄弟の関係にあったことから、慶次郎の実父は益氏ではなく全くの別人ということになる。

ところで、慶次郎が前田家に養子に入ってから、初名は利益を称して、改名を重ねていくが、出奔後も「利」字を捨てず、前田姓にこだわっている。⑤『可観小説』に慶次郎と利家は従兄弟の関係にあったとする記事も見られる。この点に留意すれば、慶次郎の母は前田氏あるいは利家の母竹野氏と姉妹の関係にあったのではないかという可能性も出てくるのだ。

以上の点を整理すれば、慶次郎を介した滝川・前田両氏の関係は次のようになる。

滝川・前田両氏関係略系図

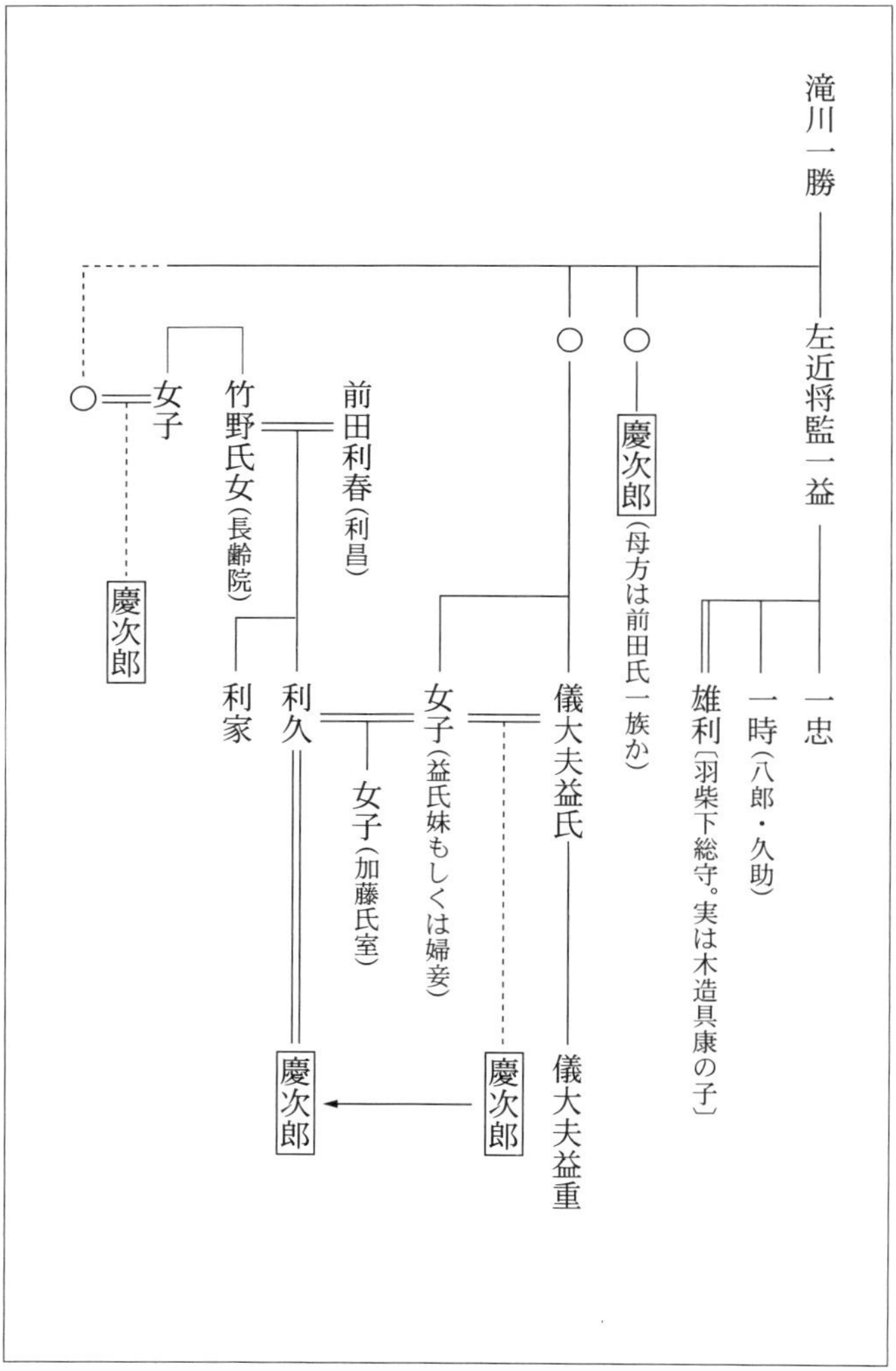

二、荒子前田氏

尾張愛知郡荒子村

前田氏が領主であった荒子村（現名古屋市中川区荒子）について、江戸期の史料では、草高《くさだか》（領内の総収穫高）が千六百八十八石一斗九升七合で、名古屋城下から二里半、愛知郡内の市柳庄内に位置し、前田村（海東郡内）から荒子村までは一里の距離にあったとされる（『壬子集録』奥村因幡覚書）。市柳庄は中世の伊勢神宮領「一楊御厨」に由来し、同地の観音寺の鰐口《わにぐち》銘にも同御厨が見える。

『前田家雑録』では同村内に古城があったとされ、城の構は東西三十八間、南北二十八間、四方には一重の堀が廻らされており、利家が城主になった時に、新たに戌亥《いぬい》（北西）の方向に城地が造成されたとある。

『張州府志』には、荒子村に荒子城があったが、その地は今は陸田になっているとある。『可観小説』山本基庸《もとつね》話では、基庸自らが巡見したところによれば、御屋敷は僅か一町四方で、大手の虎口は北を向いていたとされている。また、同村の観音寺には利家が荒子城主となった頃の屋敷図が所蔵されており、それによると、寺西治右衛門や高畠某の屋敷なども見られたようである。

同村は清洲より一町ばかりの道程であったとされる。同村の周辺には奥村、高畠、前田などの村名があり、小夜の川を隔てた対岸に河原前田という所もあるという。

前田氏の系譜

前田氏の系譜についても不明な点が多いが、江戸期には菅原道真の流れを引くものと認識され、『寛永諸家系図伝』『藩翰譜』『寛政重修諸家譜』などでも菅原姓と見える。『村井重頼覚書』は、「利家様は菅丞相（菅原道真）の末裔で、先祖は筑紫（福岡県）にあったが、利家様より六代以前に尾州へお越しになり、荒虎（荒子）に居住なされた。利家様の御祖父は前田主膳様で、御親父様は縫殿介利春公と申した。その先三代は覚え申さず」としている。

『続漸得雑記』によれば、寛永十八年（一六四一）の系図には道真が筑紫で二子をもうけ、兄は前田、弟は原田を称した。その後、前田氏は尾州に来たり、同国の住人となった。青地《あおち》礼幹《のりもと》撰『前田家譜』もほぼ同様で、尾州荒子に移ったとされる。また、『前田御家雑録』では、永正年中（一五〇四～二一）に原田中務大輔が西国より武者修行に出て、尾州の前田氏へ婿入りして前田の名跡を相続したといわれるが、記事としては信じ難い。

中世では、一般に庄・郷・保・村などの地名を名字の地としていることから考えると、前田氏は荒子に近い、前田村（現名古屋市中川区）から起こったと考えるのが妥当と思われる。前田村に起こった同氏の一族が荒子に移住、開発した流れが、慶次郎の養父利久及び利家兄弟の祖先であったことが想定されるが、記録上は祖父主膳、父利春以前に遡《さかのぼ》り得ない。

天文二十三年（一五五四）、岡崎在城の今川勢が尾張寺本城付近に進攻した。信長は清須方に対する防備のため、美濃の斎藤道三に援軍を求めた。このため、正月二十日に斎藤方の安東伊賀守が率いる軍勢千人が那古野城付近に着陣した。信長は翌二十一日に今川勢を討つため出陣した。この時、林新五郎・美作守兄弟が不足（不満）を申して、林の与力であった「あらこ」（荒子）の前田与十郎の城へ退去したことが見える（『信長公記』首巻）。

前田与十郎は長定（種定とも）と考えられる。与十郎系は前田村を名字地とし、同地から蟹江《かにえ》、一色付近を支配した領主で、前田の本家筋に当たる。のち、信長・信行兄弟の対立抗争が起こった時、重臣林氏は「与力のあらこの城」に兵を入れ、熱田と清須の間を封鎖して、信行に属して信長に敵対する態度を表明した（同）。前田本家の与十郎は織田家重臣の林氏の与力として、分家筋に当たる荒子の利春（利家の父）に対して、上下関係を有していたことが知られる。

なお、長定は当初は蟹江城にあったが、永禄十二年(一五六九)伊勢攻略に戦功のあった滝川一益が同城主となったため、前田城主に、のち一色城主となった。しかし、天正十二年(一五八四)七月、織田信雄の攻撃をうけ自害した。その子長種も与十郎を称し、利家の長女幸姫の婿となった。同年前田城を守備していたが、支え切れず和を請い、城を退去して加賀に赴き、以後は利家に仕え二万石を拝領した。のちに加賀藩の藩老八家の一つ前田対馬守家の祖となった。

荒子領主前田氏の史的性格

荒子城跡の利家誕生碑
(名古屋市中川区/[財]名古屋観光コンベンションビューロー提供)

ところで、「荒子」の地名の由来について考えてみると、詳細は不明だが、戦国期に「荒子《あらしこ》」と呼ばれる社会集団が存在した。この集団については、

①半端な雑役に扈従する一種の雑兵の呼称で、「嵐子」とも見られる。本来の語には、ある種の労役奉仕、荒仕事の意

味があり、実態ははっきりしないが、「歩《かち》・あらしこ」「中間・小者・あらしこ・人夫」などの表現から小者、人夫の類の徒。天正十四年（一五八六）豊臣政権下の兵農分離政策では「奉公人・侍・中間・小者・あらし子に至る迄」という表現から、「兵」身分の中に一括され、序列の最末端に位置づけられ、「町人・百姓」身分とは峻別される存在で、軍役に動員された一般の農民とも明らかに異なる性格を備えていたと推察されている。

②戦国末期から見え、武家に仕えた従者。戦場で土木や輜重《しじゅう》に従事、炊事などにたずさわった。天正十九年（一五九一）豊臣秀吉の身分統制令でも「奉公人・侍・中間・小者・あらし子」が新儀に町人・百姓になることを禁じており、文禄・慶長の役の時には、在陣中の「侍・中間・小者・あらしこ・人夫」の欠落を禁止したことが見える（『国史大辞典』第一巻「荒子」の項。藤木久志・児玉幸多執筆）。

以上の点から、前田氏が領主であった荒子村は、戦国期に一般に存在した「荒子」を中核とした集団が定住して成立した村ではなかろうか。彼らは、農業開発を進める一方で、特定の主人を持たず「兵」身分として戦場などに赴き、自由契約で諸作業に従事、報酬を得たのではないか。今流にいうと戦場への派遣社員、パートといった存在ではなかろうか。その集団の統率者前田氏は、派遣会社社長のような側面を持ち合わせていたのではないだろうか。

尾張地方は、古くから京都と関東を結ぶ東海道が通る要衝で、戦国期には商品流通もさかんであったから、戦場における労働の商品化も十分に発達しうる地域であった。前田氏と同様の例として、木曾三川（木曾川・長良川・揖斐《いび》川）から伊勢湾に展開する「河並衆」の活動とその統率者としての蜂須賀《はちすか》氏の存在が知られる。

なお、「尾州愛智郡御厨一柳庄荒子村之図」には、「大納言様古城（荒子城）之跡」のほか、北東に観音堂、山王堂、天台（宗）円竜寺、北に奥村正清墓所、神明堂、南に快心様（奥村永福）古屋敷、蔵人様（利久）古屋敷、また、西境の前田村、高畠村、中江村に臨んで、幅一町半ほどの川が見られる。さらに荒子村の南には、「皆不残海ニ御座候」と見えるから、往時は伊勢湾が開けていたことが知られる（『温故集録』）。

利家誕生

天文七年（一五三八）、加賀藩祖前田利家は荒子領主前田利春（利昌とも）の四男として誕生する（近年、天文六年説も浮上している）。母は竹野氏女（のち長齢院）。利家の誕生日については、『考拠摘録』横山筑後書簡には、三久保権左衛門という牢人の言に基づく十一月二十三日説、丹羽《にわ》権兵衛が承っているところに基づく八月十四日説、また『前田家雑録』馬渕氏談、『越登賀三州志』などには十二月二十五日説が見える。なお、十二月二十五日説は前田氏が菅原道真の子孫といわれることに付会してか、天満宮の「終《しま》い天神」の日を当てたものとも思われる。

また、八月十四日説の史料によると、明日は八幡様の縁日で殊にめでたいと、「小豆飯」が皆に振る舞われた。慶次郎が荒子生まれであったとすれば、利家の誕生も見届け、うぶ顔も見ながら、人々と同じく「小豆飯」をほおばったであろう。とまれ、利家の誕生によって、我々は慶次郎の養父利久をはじめ、その兄弟姉妹の存在を史書を通して知ることが可能となるのである。

『村井重頼覚書』には、

一、縫殿介様（利春）の御子は七人、蔵人様（利久）、五郎兵衛様（安勝）、十右衛門様、利家様、姫君、右近様（秀継）、今一人は御早世、右、十右衛門様は討死成され候、姫君様は高畠石見様に御座候

とあり、慶次郎の養父利久を「惣領」としている。

『壬子集録』大瀧検校物語には、

一、前田三右衛門様は蔵人様御さし次の御舎弟にて御座候（中略）信長様御代に若き時御死去成され候由を申し候

一、右、三右衛門様御内儀様は、その後、佐久間右衛門殿（信盛）へ遣わされ候由に候、すなわち不干（正勝）の御母儀にて御座候

などと見える。なお、十右衛門は三右衛門のことかとも思われるが、詳しいことはわからない。

『関屋政春古兵談』では、利春の子供には、

一男蔵人頭利久、二男三右衛門利玄、三男又左衛門利家、四男五郎兵衛安勝、五男藤八郎良之、六男右近大夫秀継、七番目は高畠石見定吉室

の七人とされているが、利家と安勝の順は逆になっている（巻末系図参照）。

なお、利久の生年については、享年も見られないのでわからない。養子慶次郎を天文

二年（一五三三）生まれとした場合、兄利久と天正七年（一五三八）生まれの弟利家の年齢差はかなり離れたものだったのではないかとも思われる。

三、信長と利家

利家の仕官

天文二十年（一五五一）正月、利家は十四歳で信長の近習として仕え、五十貫の地を給された（『陳善録』）。翌天文二十一年（一五五二）三月、信長の父信秀は四十二歳で病死し、織田弾正忠《だんじょうのじょう》家の家督を信長が継承した。

尾張清須城には同国守護の斯波義統《しばよしむね》、下四郡の守護代織田彦五郎が居城していたが、この時期には、実権は清須織田家の家宰坂井大膳に掌握されていた。同年八月、坂井は弾正忠家の家督を継いだばかりの信長の打倒を目指して行動を開始、信長方の織田伊賀守、同右衛門尉方を攻撃した。このため、信長も清須攻撃をめざして那古野城から出陣、信長の叔父で守山城主の信光も行動を共にした。この時、信長に仕官していた利家も初陣を果たした。

清須の南方四キロメートルに位置する萱津原（海部郡甚目寺町）での合戦で、信長軍が勝利をおさめた。この戦闘で、利家は敵の首を分捕るという高名をあげた（『加賀藩史料』は同合戦を同二十年とする）。同年、利家は信長の叔父津田孫三郎信家を烏帽子親《えぼしおや》として元服し、信家の一字「家」を賜り、孫四郎利家と名乗った（『利家公御武功覚書』）。

信長の弟信行も有能な人材で、家臣にも人望があったが、当主信長に対する不遜

織田信長画像
（神戸市立博物館蔵）

な振る舞いが見られるようになった。弘治二年（一五五六）八月、清須の東方約五キロメートルに位置する稲生（現名古屋市西区）で、信長率いる七百の軍は、信行方の柴田勝家・林美作らの千七百の軍と合戦し、勝利をおさめた。

この合戦で利家は、宮井勘兵衛が放った矢で右目の下を負傷したものの、宮井を槍で突き倒して首を分捕る高名を立てた。この戦功により、利家は百貫を加増され、知行は百五十貫となった（『考拠摘録』）。だが利家にとって、この時期、本家の前田与十郎が林氏の与力になっており、荒子城が林氏の傘下に入っていたことが気がかりであった。なお、信長・信行兄弟の確執はその後も進行し、翌年十一月には信長が信行を清須城内に招いて殺害した。

利家と松の結婚、長女の出産

永禄元年（一五五八）、岩倉城主で尾張上四郡守護代の織田伊勢守信安とその子信賢が不和となり、信安は同城から追い出された。信長はこの内紛を機とみて、岩倉城攻めに

前田利家画像
（金沢市開禅寺蔵・石川県立歴史博物館提供）

着手した。七月、清須から出陣した信長軍は同城の北西、浮野（一宮市）に布陣。犬山城主で信長の従兄弟であった織田信清の軍も同地に駆けつけ、連合して岩倉から出陣した信賢軍と戦い、大勝をおさめた。この時も、利家は敵の首を分捕り、高名を立てたとされる（同）。なお、利家の実弟佐脇藤八（良之）は弓の達者であった林弥七郎の首を分捕ったが、左の肘《ひじ》を負傷したとされる（『信長公記』）。

同年、利家は通称を又左衛門と改名した。翌永禄二年（一五五九）六月には長女幸姫が誕生している。利家と松の結婚は同元年八月の頃、利家二十一歳、松十二歳であった。利家にとってこの時期は、順風満帆で、人生の中で最も晴れがましい時期であった。

同朋殺害、出奔

だが、永禄二年（一五五九）六月、これからという時期に、利家は清須城内で信長の同《どう》朋衆《ぼうしゅう》の一人、拾阿弥を殺害するという事件を起こしてしまう。利家の笄《こうがい》を拾阿弥が盗んだことが事件の発端であった。信長から赦《ゆる》すように諭され、一時は穏便に済ませようとしたが、反省の気持ちのない拾阿弥の態度に利家は激怒、一刀のもとに斬り捨てたとされる。

拾阿弥を寵愛した信長の怒りは頂点に達した。

「犬（利家）めを成敗せよ」

との御意に柴田勝家、森可成らが信長を制止するのに尽力したといわれる。その間、利家は難を逃れ、清須城から出奔、牢人となったとされる（『陳善録』）。利家に対する信長の怒りは、単なる私怨のみから発したものではない。城内、領内における私的な報復、制裁、成敗、闘争が、家臣団の統制を乱すことを恐れていたのである。

清須城模擬天守（清須市／［財］名古屋観光コンベンションビューロー提供）

城内での利家の行為はやがて、荒子の兄利久・慶次郎をはじめ一族の人々にも伝えられたことであろう。信長に仕官し、可愛がられ、幾多の合戦で戦功をあげ、知行も加増され、順調な奉公ではなかったのか。荒子の人々にとっては、青天の霹靂《へきれき》であったことだろう。

両親や幼子を育てる夫人松らは、信長の怒りに震撼《しんかん》したであろう。事件の詳細が次第に明らかにな

るにしたがって、

「又左（利家）は一族のツラ汚しじゃ」

「タワケめが！　我が家にも咎《とが》めが及んだら、なんとするぞ」

といった罵倒と心配が、一族、家臣の周囲に広がっていったに違いない。

牢人中の利家の具体的な動きについて、史書は何も語らない。父利春や兄利久は利家を案じながらも、冷静に見守った。目立って庇護《ひご》すれば、縁座法により前田家にも罪が及ぶことを熟知していたはずだ。なお、前田家が利家の一件により処罰されたという記事は見られない。

「牢人すると、心もひがむものである」

のちに利家が述懐した言には、

「信長公の同朋を斬った時には、これまで傍輩《ほうばい》で兄弟のような関係で、常に仲の良かった人々も、その後のつきあいは無沙汰《ぶさた》で、心配して見舞いに来てくれる者もいなかった。佐々成政はこの同朋を目にかけていた連中の一人であったから、その時より仲が悪くなり、そのことが後々まで尾を引くことになった。このような人々がいる中で、森三左衛門(可成)と柴田修理《しゅり》殿(勝家)のほか、小姓衆の二、三人を除いては、牢人中は誰も心添えをしてくれる者はいなかった。(中略)とかく人間は牢人をする時、物心の面で貢いでくれる者は稀である。そのような時には心もひがむものである」と(『亜相公御夜話』)。ところで、この時代、特定の主を持たない牢人は諸国に数多くいた。中には諸国を遍歴して、仕官の口を探す者、傭兵として雇われ、戦場を渡り歩く者もあったが、集団化して夜討強盗を生業とする者もあった。

尾張国内では牢人衆の頭目として、海部郡の木曾川の大デルタに位置する蜂須賀郷(現愛知県美和町)の土豪、蜂須賀小六正勝が知られ、川筋の者たちを配下としていた。小六は尾張に住みながら、初めは越境して美濃の斉藤道三に、道三の死後は信長と対立する尾張岩倉の織田信賢、犬山の織田信清に仕えたが、信長の攻略により潰され、そのたびに仕官と牢人を繰り返した。

信長の尾張国内統一の過程で、多くの牢人が発生したことは否めない。ここで、国内にプールされていた牢人衆に目をつけたのが秀吉であった。合戦での勝利のためには軍事力の増強が必須である。秀吉の墨俣築城を成功させた原動力が近隣の牢人衆の協力であったことに象徴されるように、織田軍の美濃攻略には、小六に代表される牢人衆の取り込みが不可欠であった。これは同時に、牢人衆の新たな仕官、主取りの機会にもなった。

利家の場合には信長一筋、信長への帰参をというこだわりがあった点で、小六の場合とは趣をことにするが、なかなか再仕官が叶わないことからのあせりや不安から、利家が述懐するように「ひがみ」が出るのも自然なことであろう。

利家同様、慶次郎もまた後に牢人するが、慶次郎の場合、一度目は信長の意向によって不本意な形で、二度目は自らの意志で利家の下から出奔したが、利家の場合とはかなり違った状況で、複雑なものがあったと思われる。

桶狭間合戦から父利春の死

翌永禄三年（一五六〇）五月、駿河・遠江・三河の三ヶ国の四万（実数は二万五千ほど）の大軍を動員した今川義元が駿府から出陣、いよいよ京都を目指して行動を開始した。三河の松平元康（のちの徳川家康）は先鋒を務め、大高城に兵粮を入れて後、織田方の鷲津《わしづ》・丸根砦の攻略に取りかかった。

信長は機を見て清須より出陣、熱田、丹下を経て善照寺砦に入り、親衛隊を中心とする二千の兵を率いて、田楽狭間に休息中の義元の本陣を急襲し、義元の首をあげた。この合戦に牢人中の利家も織田方として私的に参戦、敵の首を分捕ったが、信長は利家の帰参を赦すことはなかった。なお、清須から出陣した信長に従った小姓衆の一人に、利家の実弟佐脇藤八（良之）が見え、熱田までの三里の道程を一気に駆けたとされる（『信長公記』）。

桶狭間合戦の直後の七月十三日、利久・利家兄弟の父利春が死去し、葬礼は荒子の観音寺で行われた。観音寺は常海山（浄海山とも）と号する天台宗寺院で、天平元年（七二九）に泰澄和尚が観音像を安置し、同十三年（七四一）に自性上人が開山したといわれる。「荒子観音」とも呼ばれ、尾張四観音の一つとされる。天正四年（一五七六）には利家が同寺を再建したとされるが（『張州府志』『尾張名所図会』）、この年は父利春の十七回忌に当たる。

桶狭間前田犬千代軍功図
（明治25年版・著者蔵）

永享十一年（一四三九）の鰐口銘には「尾州一楊御厨観音寺金口」とあり、同寺が一楊御厨にあったことが知られる。また、同寺の多宝塔（国指定文化財）は天文五年（一五三六）五月に賢俊が建立したとされ、熱田社の大工岡部甚四郎の作とされるから（『新修名古屋市史』第二巻）、慶次郎が誕生して間もない時期に当たる。

『又新斎記録』には利治（利春）の法名は休嶽庵主と記されており、位牌は荒子の観音堂にも安置された。『荒子村庄三郎口書』によれば、利春夫婦は天台宗観音寺の旦那で、利春の葬礼は同寺でなされたとされる。また、『奥村因幡家来覚書』によると、観音寺の棟札に「檀方前田入道浄憲、檀方奥村入道正清」とあり、古くから前田・奥村両家が同寺の檀方として同寺との関わりを有していた。

なお、観音堂近くの円竜寺の僧の話によれば、五年以前に多宝塔が修理された時に、塔の内に「前田又左衛門、前田慶次郎、奥村伊予」と記された升形の箱に書付（銘）があり、年号は天文四年（一五三五）とあるが、月日は覚えていないという。天文四年には利家は誕生しておらず、慶次郎は数えで三歳であるから、この書付は後世に追記されたものと思われる。

また、同寺の塔頭《たっちゅう》であった、東谷院・福寿坊・大仙坊・東光坊・仙蔵坊・常楽坊は、のちに利家が加賀に召し連れ、残らず禅宗への改宗が命じられたとされる（『温故集録』『壬子集録』）。

荒子の新領主利久

利春の葬礼を取り仕切ったのは、家督を譲られた利久であった。利久は荒子などで二千貫の地（のちの利家の目算では七千石余）の領主として一族、荒子衆、領民を統率する立場となった。この時、利久の弟利家は前年、清須城内で信長の同朋衆拾阿弥を斬殺したため、信長を恐れて出奔していた。当年の桶狭間合戦には、なんとか怒りを解いてもらおうと、再仕を願って牢人の立場のまま私的に参戦した。それなりの手柄を立てたものの、信長は容易に利家を赦そうとはしなかったのである。

荒子観音寺（名古屋市中川区／[財]名古屋観光コンベンションビューロー提供）

父の利春は、信長の勘気の解けない利家を気遣いながら生涯を終えたのだった。後を託された兄利久にしても、利家を庇護してやることは、信長に対する憚《はばか》りもあって、おいそれとはできなかった。迂闊《うかつ》なことをすれば、前田の家を潰しかねない危険性をはらんでいたといえる。

したがって、牢人の立場の利家が、父の葬礼に参列できたかどうかは疑問である。仮に可能であったとしても、利久をはじめとする兄弟や一族、他の織田家臣、同僚に対する遠慮、領民などに対する世間体から、利家は夫人松と共に「お忍び」での参列が赦されるにとどまったのではないかと思われる。

結果的には利春の死、葬礼といった一連のセレモニーは、利久にとって前田家の家督継承者、ニュー・リーダーとしての最初の仕事であり、内外に家督の継承を示す絶好の機会にもなったはずである。

一方、利久の養子の立場にあった慶次郎や利久夫人は、表向きは利久に従い、冷静に静観する様を装い、前田家の次期家督継承者として、あるいは家督継承者の夫人として振る舞いながらも、内心では「してやったり」といった感情が多少は渦巻いていたのではないかと思われる。

これ以降、利久・慶次郎父子は家督継承者として一族、織田家臣、領民らの認知のもと、荒子領主として安定した時を歩み始める。少なくとも、利家の牢人から信長への再仕官を経て、あの伊勢攻めの陣中での信長の御意が出されるまでは……。

なお、「尾州愛智郡御厨一柳庄荒子村之図」には「大納言様古城（荒子城）之跡」から南側の二町半を隔てて「蔵人様（利久）古屋敷」が見える（『温故集録』一）。また、『壬子集録』所収の荒子城絵図には「慶次殿屋敷」が見え、規模は東西二十間、南北十八間であったとされる（『本藩歴譜』）。さらに、『乙酉集録《きゆうしゆうろく》』所収「尾州荒子尾屋敷構之図」にも荒子城の東南隅に同規模の「慶次郎屋敷」が見られる(今福『前田慶次』)。

美濃攻めの開始と利家再仕

弘治二年(一五五六)四月、信長の舅で、「美濃のマムシ」の異名を取る斎藤道三・義龍父子が対立、両者は長良河畔で戦い、道三は敗死した。信長は舅殿の救援を大義名分として、美濃攻略に着手することになった。義龍の実父は美濃の守護土岐頼芸《ときよりなり》で、懐妊中の妾深芳野《みよしの》が道三に嫁して誕生したとされ、道三が後に明智氏女を正室に迎えて、孫四郎ら二人の弟をもうけて以降、親子の関係が疎遠となっていた。義龍は弟たちを誘殺し、道三と義絶して、ついには父を滅ぼしたのだ。あるいは義龍の出生は、慶次郎の出生の境遇に似通っているともいえるかもしれない。

永禄四年(一五六一)五月、斎藤義龍が死去し、その子龍興が家督を継いだ。信長は美濃攻めを開始する。織田軍は森部(岐阜県安八町)の合戦で斎藤軍と戦った。利家はこの合戦にも私的に参戦し、一番槍の高名を立て、日比野下野守を討ち取ったほか、下野守の与力で「首取り足立」の異名を持つ足立六兵衛の首も分捕った。この功によって信長から赦免され、帰参が叶い再仕官の道が開かれることになった(『信長公記』『壬子集録』ほか）。またこの年、軽海の合戦でも戦功を立てている（『壬子集録』。『加賀藩史料』では翌五年とする）。

同四年、利家の戦功に対して三百貫が加増され、都合四百五十貫の知行を得ることになった（『陳善録』）。明くる永禄五年（一五六二）正月には、利家・松夫妻に待望の男子が誕生する。利家と同じく、幼名は犬千代と称した。後の利長（加賀二代藩主）である。こうして、利家の人生に再び光明が差し込んでくるのだ。

稲葉山城陥落

永禄六年（一五六三）、信長は稲葉山城攻略のため、居城を清須から小牧山に移した。翌永禄七年（一五六四）八月、犬山城を攻略したほか、同城から木曽川を挟んで対岸に位置する美濃鵜沼《うぬま》などを陥落した。同十年（一五六七）八月、斎藤家の重臣で西美濃に勢力を張る稲葉・氏家・安藤のいわゆる美濃三人衆が龍興を見限り、信長に内通したことから、稲葉山城は陥落した。信長は稲葉山城を接収後、中国の故事になぞらえて同城を岐阜城、山麓の城下町井口《いのくち》を岐阜と改め、居城を岐阜に移した。上洛、全国制覇の夢を託して「天下布武」の印判の使用を開始する。

岐阜城復興天守（岐阜市提供）

ところで、信長の尾張統一、桶狭間の戦い、美濃攻略戦について、利家の動きと絡めて記述してきたが、これはあくまで残された記録、史書などに見られる利家の動きを見てきたに過ぎない。利家の父利春、兄利久が率いた前田一族や荒子衆の動きは、史書にはほとんど見られないが、彼らもまた軍役を負担して信長に奉仕し、織田家臣団としての一翼を担い、戦列に属して戦っていたことを忘れてはならない。いうまでもなく利家は信長に近侍していたから、新城下岐阜の屋敷に詰めていたであろうが、利久・慶次郎父子も信長の家臣として、岐阜の屋敷と荒子を往復し、武家としての奉公に努めていたことは想像に難くない。

四、前田家の「光」と「影」

利久の娘の死

何時《いつ》の世も、親が先に逝くとは限らない。永禄三年（一五六〇）以降、荒子領主として、一族、荒子衆のニュー・リーダーとして務めてきた利家の兄利久にも、無慈悲な不幸が訪れる。永禄八年（一五六五）十二月五日、尾張熱田の加藤隼人《はやと》方に嫁していた娘が死去したのだ。彼女は慶次郎の姉妹に当たる。

同地の龍珠寺には彼女の位牌が安置されていたが、それには「叔林慶仲大姉　永禄八年乙丑十二月五日」と見える（『壬子集録』）。利久夫妻の歎きも一入《ひとしお》であったことは想像に難くない。娘の死を契機に、利久は侍としてのやる気をなくしたのではないか。のちに信長から利家への家督譲渡を命じられた後、利家と親しい柴田勝家、森可成らの話の中で利久の武道怠慢が取り沙汰《ざた》されたが、利久の無気力の契機の一因として、利久の心にこの娘の死が大きく影を落としていたのではないかとも思われるのだ。

利久・慶次郎父子の荒子立ち退き

永禄十一年（一五六八）九月、足利義昭を奉じて上洛を果たした信長は、美濃・近江ルートのみならず、尾張から伊勢・近江を経て京都に到るルートを確保するため、翌十二年（一五六九）八月に伊勢国司北畠氏攻めとして、大河内城攻略を開始する。この時、利家・良之兄弟は「尺限廻番衆」（柵内を巡回する番衆）に名を列ねている（『信長公記』）。

同年十月、陣中にあった利家が、信長の命により突然家督を継ぐことになった。この時の経緯について、のちに利家の小姓に召された村井勘十郎（長頼の子）が利家の言行を筆記した『村井重頼覚書』には、

「利久様は二千貫を所持する前田家を父の利春様より譲渡されたが、利久様は若い時から、総じて気難しい性分で、『武者道』に精を出すことはほとんどござらなかった。というのも、弟安勝殿のご息女を養子になされ、滝川左近殿の甥《（マヽ）》慶次殿を入り婿になされ、跡目を継がせられようとしたとのことであった。このことが信長公のお耳に入ったところ、『前田の家を他家の人間に渡すことは無用である。又左衛門（利家）は少年の頃から我が近習として仕えてきた者で、殊に合戦では手柄もたびたび立ててきたのじゃ。それゆえ、又左衛門に家督を渡したがよかろう』との御意であった。

伊勢の陣中にあった利家様が信長公の命を受け、荒子の城へ同城の請け取りに赴いた。この時、利家様と兄利久様との間で、何かと悶着があったとされる。その時より、利家

様のご自分の御知行分は都合二千四百貫になっていたとのことであった。滝川儀大夫とは慶次殿の『いとこ』でござった。儀大夫も滝川左近殿の甥でござった」

と見えている。

信長の意向はあくまでも、

「前田の家を他家の人間（慶次郎）に渡すことは無用」

「又左衛門は早くから自分の近習として仕えてきた者で、度々戦功も立てている」

というものであった。

「慶次郎を養子とし、いずれは前田の家督を譲渡しよう」

という利久の意向は、信長のご意向の前に木《こ》っ端《ぱ》微塵《みじん》に砕かれた。慶次郎の次期前田家の当主への夢は、はかなくも潰《つい》え去ったのである。

なお、『三壷聞書』には、

「利家様が兄利久殿の跡目を継ぐことになり、荒子城に入城し、二千貫の領知をお取りなされた。この時、利久殿は家老の奥村助右衛門（永福《ながとみ》）を城代にしていたが、奥村は、『信長公の御判（領知宛行状《あてがいじょう》など）のみではこの城を渡すことはできませぬ』と、頑《かたく》なにこれを拒否したのであった。このため、利家様は利久殿からの折紙（家督を利家に譲ることに同意の旨をしたためた書状）を助右衛門に届け、これによって助右衛門はようやく城を明け渡した。

利久殿はご隠居なされ、助右衛門は牢人致し、在郷して蟄居されたのであった。利家様の家老には近藤善右衛門が就いたものの、やがて病死し、せがれも幼少であったから、とても家老など勤まるものではない。後々になって、柴田権六《ごんろく》（勝家）が利家様へ、

『奥村助右衛門は前田の家中では比類なき功の者である。召し寄せられた方がよろしかろう』

と申し上げたことから、利家様も権六の意見を聞き入れ、助右衛門を召し寄せられ、万事にわたりお家のことを仰せ付けられたのである」

とある。

奥村永福（家福・助右衛門）画像
（永福寺蔵・石川県立美術館提供）

奥村永福も利久の隠居にともない、在郷で牢人した。永福が利家に再仕するのは天正元年（一五七三）八月、信長の越前朝倉氏攻略の陣中であったとされる。

また、『陳善録』には、

「利家様のお話にも、

『人を呪い申すことをなしてはならない。そのわ

けは、我らが信長様の命により、兄の利久から荒子を渡された時、兄のご内儀がご立腹で、なにかと「のろい」ごとをなされ、城内の屛風・障子に至るまでも封じさせて、城から立ち退いて行かれたが、我らは結局、弥増《いやま》しに吉事に恵まれたわ』

と、何かとお物語をなされた。村井豊後（長頼）もそのように話しておった」

とある。利久夫人の思いが、「のろい」事にまで及んだことが知られる。

さらに『利家記』には、

「利久様の御知行を、信長公の御意で利家様へ下され、利家様が荒子城をお請け取りになったことから、たとえ兄弟であったとはいえ、やがてはお互いに敵対し合い、両者の仲は悪くなっていったのでござった。そのことについて、柴田修理（勝家）殿、佐久間右衛門（信盛）殿、森三左衛門（可成《よしなり》）殿、佐々内蔵助《くらのすけ》（成政）殿らと利家様が（おそらくは岐阜城で）参会することがあった。色々話がなされた上で、

『又左殿（利家）はお手柄を度々立てたゆえ、前田の惣領をお継ぎなされたことはもっとものことじゃ』

とのことであった。

ところが、その後に出た話では、利家様の兄利久様について、面々が誹謗《ひぼう》しはじめたので、利家様は、

『我らのことを心配していただき、誠にかたじけない』

と面々に挨拶をなされたが、

『したが、又左殿、蔵人（利久）殿は武道にも励まず』

『左様、左様』

と、皆がそれぞれに、兄の悪口を言い募ったのだ。利家様は面々の前に跪《ひざまず》きなされて、

『兄蔵人は人の言うことも聞かず、分別に欠ける行いをなしたことから、跡職を信長様が私に下されましたので、かたじけなく私が拝領致し、前田の惣領の地位を持たせていただいたのです。ただし、兄の武道のことについては、今後は我らの前でお話しなされるのはご免願いたい』

と申されたので、面々も、

『ごもっとも、ごもっとも』

と各々申され、もはや利久様のことを悪く申す人はござらなかった。

『兄のことについての話は柴田殿、森殿ばかりならば、我らと親しい間柄であるから苦しくはないのだが、右衛門（佐久間）殿、内蔵（佐々）殿そのほか二、三人の人が話の中に入っていたから』

とのご意向であったと、のちに話されていた。

これまた、一入に、

『又左衛門はさりとては、只者にはあらず』

と人々は申しておったが、このことが信長公のお耳にも入り感服なされたとのことでござった。その後、柴田殿、森殿も利家様へ気配りし、また利家様も両人に気配りなされ、いよいよその間柄は良好になったとのお話を我らになされたものである」

と。柴田・佐久間・森・佐々諸氏が利家と参会した際、面々が兄利久の誹謗をはじめたことから、さすがに利家はご免をねがったわけだ。兄との関係をこれ以上、悪化させたくない。他人から兄の悪口を聞きたくない。利家にとって自分と親しい間柄である柴田や森が兄のことを言うのはいいが、佐久間や佐々が言うのは耐えられないという利家の心情は、利家周辺の微妙な人間関係をうかがわせる。「あの二人は嫌いだ！」という声さえ聞こえてきそうだ。

しかし、ここで諸氏が兄利久を誹謗した焦点は、まさに利久の侍としての「武道」「武者道」に対する不熟、精錬の欠如であるのだが、こうした個人の資質が家督喪失の原因であったことを考えると、利久の巻き添えをくった養子慶次郎は余りにも可哀想ということになる。信長の御意は慶次郎の存在を「他家の者」として全く無視した格好で出されたものであったといえる。

とまれ、前田家当主の地位を得、荒子城主となった利家と、利久の養子で次期家督継承者としての立場にあった慶次郎との境遇は、信長の御意によって大きく逆転することとなった。この事件が二人の生涯を決定付け、明暗を分かつ出発点となったことは間違いない。換言すれば、利家と慶次郎を通して、加賀藩成立の「光」と「影」の部分がそれぞれに展開していくことになったのである。

利久・慶次郎父子の行方

荒子退去後の利久・慶次郎父子らの足取りについては不明な点も多い。だが、父利春から家督を譲渡された利久にとって、突然の信長からの命による弟への家督譲渡に対する不満と、父利春に対する悔悟を、簡単には払拭できるものではない。

夫人滝川氏の落胆、荒子城主の地位を夢見た養子慶次郎の絶望も、また一入であった。さらに、利久の弟で利家の兄に当たる安勝の娘は、利久の養女となり、慶次郎の夫人となっていたから、安勝夫妻及び娘も困惑を隠せなかった。利家への家督譲渡は単なる兄弟間の問題に留まらず、前田一族及び家中全体に暗い影を落とす深刻な問題であったに違いないのだ。

荒子城主としての地位を失い隠居した利久一家の今後の選択肢としては、
①利久の入寺、寺の伝手《つて》を頼る。
②夫人、慶次郎の実家滝川氏を頼る。
③牢人として生きてゆく。
といったコースが考えられる。

隠居した利久が剃髪し、仏門に入ることを決意した場合には、おそらく、荒子城近くにあった観音寺に一旦は入ったのではないか。あるいは夫人、養子慶次郎らと共に、夫人や慶次郎の実家である滝川氏一族、亡き娘の婚家で、熱田の有力豪族であった加藤家などを頼ったのではないだろうか。なお、慶次郎夫人と子供たちは、荒子の安勝のもとに留まったものと思われる。

滝川一益の動き

利久夫人が儀大夫益氏の妹であるなら、当然、益氏を頼ったことも考えられる。また、利久夫人がかつて益氏の夫人であり、益氏の戦死後利久のもとに再嫁して慶次郎を産んだというのなら、儀大夫家は益重が継いでいたものと思われる。この場合は、益重を頼ったことだろう。

滝川氏一族で最もはぶりが良かったのは、左近将監一益《さこんしょうげんかずます》（一五二五～八六）であった。一益は信長の部将であり、永禄十二年（一五六九）の伊勢大河内城攻めの戦功により、尾張蟹江城主となっている。このことから考えると、利家が信長の命で前田の家督を譲渡され、荒子城主に起用されたのは、一益と同様に大河内城攻めの戦功に対する褒賞と、伊勢攻略の押さえとしての政略が反映された結果である可能性は否定できない。

以後、一益は同国の経略を任される。天正二年（一五七四）には、信長の命を受け伊勢長島の一向一揆を攻略するため、伊勢湾の海上封鎖を敢行《かんこう》。多数の門徒農民を掃討した功により、北伊勢五郡を与えられ、長島城主となった。

同六年（一五七八）、信長が攻略中の大坂の石山本願寺に対して、中国の毛利輝元は水軍を動員して大坂湾から兵粮の搬入を行っていた。織田軍にとって、大坂湾の制海権を如何《いか》に掌握していくかが課題となっていた。信長は滝川一益と九鬼嘉隆《くきよしたか》に命じて鉄甲船を建造させ、毛利水軍の阻止を命じた。滝川・九鬼は水上戦に長けており、両氏の軍事・経済力の背景には伊勢湾の海上ルートの掌握があったと思われる。

天正十年（一五八二）三月、甲斐の武田勝頼を滅ぼした信長は、戦功として一益に上野一国及び信濃佐久・小県《ちいさがた》二郡を与え、厩橋《うまやばし》城主とした。織田方の東国の最前線として、関東の北条氏政・氏直父子と対峙することとなった。しかし、同年六月の本能寺の変で信長が亡び、一益は後ろ盾を失ったところへ北条軍が進軍してきた。神流川《かんながわ》の合戦で一益は大敗し、伊勢の長島城へ命からがら逃げ帰った。なお、武田攻めの際、滝川儀大夫(益重)も最前線の武田氏滅亡の場で戦っていたことが知られる。

このように見てくると、本能寺の変に至るまで、滝川氏一族は信長の部将として一益を頂点に戦っていたから、信長に対する疑念、不満さえ払拭されれば、慶次郎も儀大夫家を仲介に、働く場が与えられていたはずである。

熱田の加藤家

熱田の加藤家は鎌倉御家人加藤景廉の子孫で、美濃岩村城主加藤氏の一族と伝えられる。実質的な始祖は図書助《ずしょのすけ》景政と考えられ、伊勢山田から熱田に移住したとの伝承もある。加藤景繁の子順光(〜一五四七)、隼人佐《はやとのすけ》延隆(〜一五七一)兄弟の代に東西に分立したとされる。前田利久の娘が嫁いだ隼人佐は、この西加藤家の延隆に比定されている。

延隆は伊勢湾沿岸の海上交易に携わる豪商で、質屋などで金融業も営んだ。その利益で、熱田周辺の田畑、浜野、宅地を買得・集積して、開発に尽力し、熱田の宿場町発展の基礎を築いた。天文元年（一五三二）延隆は龍珠寺（臨済宗妙心寺派）を建立しており、繁栄の一端がうかがわれる。

西加藤家の家系は、延隆の後、隼人佐景隆（～一五七九）―隼人佐景延（～一五九九）―伝次郎宗弘（喜左衛門）と継承されていった。天正年間以降、西加藤家は千秋大宮司と共に熱田代官として、熱田社を含む熱田全体を統轄した。慶長四年（一五九九）頃、景延の殺害事件を機に、その地位は権宮司馬場氏に移ったとされる（以上、『新修名古屋市史』第二巻）。

豪商・加藤順盛の屋敷跡
（名古屋市熱田区・著者撮影）

あるいは景隆は利久の外孫に当たる人物である可能性もなくはない。加藤氏との姻戚関係を背景に、利久は荒子衆＝「荒子」集団の統率者として新たな領主制を模索していたのではないか。信長から前田の家督を取り上げられ、弟利家に譲らされた利久を、柴田ら部将たちが「武辺」に不熱心であったと批判していたことに留意すると、利久は「武辺」一辺倒のキャラクターではなかったようにも見える。むしろ、その思考は秀吉に近かったのではないと思われる。

利久・慶次郎が荒子城立ち退き後に頼るあての一つとして、亡き娘の嫁ぎ先であった加藤家の存在は大きい。なお、俗説では清須城で信長の同朋衆拾阿弥を斬殺した利家が、信長の怒りを恐れて出奔し、建前上は牢人したが、熱田社家松岡氏のもとに寄宿、じつは熱田で諜報《ちょうほう》活動を行っていたともいわれる。前田家と豪商としての情報ネットを有する加藤家の関係を考えると、このような伝承や俗説も一概には否定できない要素をはらんでいるのだ。

なお、天正二年（一五七四）七月、信長は伊勢長島の一向一揆を攻略していたが、これに利家も従軍した。同二十一日の賀藤又八殿（加藤順盛）宛の前田利家書状には、

「殿様（信長）への陣中見舞いにお越しなされたとのことで、御大儀でありますが、我らは在郷辺りへお使いに出かけており、お目にかかることができませんでした。ついては、以前に河内（伊勢長島）より罷《まか》り越した女子がそちらに居られるとの由を殿様に申し上げたところ、すぐにその身柄を我らが請け取るようにとの御意でありました。お疑いでありましたら、監視の人を添えた上でこちらまでその女子をお送り下されますように」

とのことが記されている（『加藤景美氏所蔵文書』）。

加藤順盛は熱田の豪商順光（東加藤家）の子順盛と考えられ、利久の娘が嫁いだ加藤隼人佐（延隆）の甥に当たる。なお、信長は順盛に分国の道路整備を命じたが、江戸期

の東海道の一部となる街道整備、宿場発展の基礎に加藤氏が深く関わっていたことが知られる(『新修名古屋市史』第二巻)。

利久のみならず、利家もまた加藤家と関係を持っていたことがうかがわれる。利家の長島から来た女子の請け取りの詳細は不明だが、この女子が一揆の首謀者と何らかの関わりを有していたという可能性も考えられる。

伊勢長島の攻略戦では、九鬼嘉隆、滝川一益らは「あたけ舟」(安宅船。軍用の大船)を率い、林佐渡守(通勝)らの囲船のほか、蟹江・あらこ・熱田をはじめ、知多半島沿岸諸浦の船、さらに桑名・白子・阿濃の津(安濃津)などに至る伊勢湾沿岸に位置する諸浦の船も動員され、同湾の海上封鎖と軍事物資の輸送がなされた。

滝川一益や前田与十郎の蟹江、利家の荒子、加藤家と関わりの深い熱田は、後世の埋め立てにより陸地化されたが、この時期には伊勢湾岸の諸浦の一つとして、交易の拠点となっていた。

利久の娘や慶次郎の婚姻、養子縁組などを背景とする滝川―前田―加藤という領主と豪商の強い結びつきが伊勢方面攻略に、そしてやがて大坂石山本願寺攻めの際、織田水軍の一翼を担った滝川一益を頂点とする軍団の形成にも深く関わったことは否めない。

とまれ、以後、利久・慶次郎父子の活動の痕跡は、利家が出世の階段を駆け上がり、能登国主になるまでの十三年間にわたり、歴史の表舞台から姿を消す。光り輝く利家の足跡とは対照的に、闇の中を歩き続けたのだ。

前田家と熱田神宮

ところで、前田家と熱田神宮の関係について、幕末期の慶応三年（一八六七）二月、社家松岡斎宮大夫が加賀藩に提出した願書によれば、利家は桶狭間合戦以前から松岡家の下をたびたび訪れて参籠、小豆粥を差し上げたこと。同合戦の直前にも参籠したこと。松岡助典《すけのり》の娘乙福が永禄四年（一五六一）正月に利家の子を産み、久千代を称したとされる。天正十三年（一五八五）に助典の子助永が越中木船城で死去したため、利家の命により、久千代が松岡家を継ぎ、竜大夫秀助と名を改めて以来、血統を受け継いだことなどの伝承が見られる。利家の熱田社への信仰を通して、松岡斎宮大夫家が古くから前田家の御師職を務めていたことから関係の深さがうかがわれる（福井「熱

熱田神宮
（名古屋市熱田区・熱田神宮提供）

田神宮と前田利家」）。

永禄五年（一五六二）正月、利家の嫡男利長が誕生後三十三日目に熱田社に参詣している（『壬子集録』）。以後、利長と熱田社の関係は深く、慶長十六年（一六一一）五月、翌十七年（一六一二）閏《うるう》十月、利長が重病を患った際には、弟利光（のち利常）が熱田の神職龍太夫に病気平癒を祈願させている（『尾張熱田松岡氏伝記』）。

同十八年（一六一三）二月、利長は利光夫人（珠姫、将軍徳川秀忠の次女）の安産祈願を、三月五日には産前の病平癒のための祈願を同じく熱田社の龍太夫に依頼している（『熱田松岡氏蔵文書』）。そして同九日、利光の長女亀鶴姫が誕生するのである。

なお、同十六年には江戸にあった利長の生母芳春院（利家夫人松）は伊勢に参詣しているが（『三壷聞書』）、そのルート上にある熱田社にも利長の病気平癒を祈願し、宮の渡しから船で伊勢湾を横断して、内宮・外宮《げぐう》に参詣したことが考えられる。また、天正九年（一五八一）には慶次郎も熱田神宮に太刀を奉納したとされる（後述）。

利家の活躍

永禄十一年（一五六八）九月、信長は越前から迎えた足利義秋（義昭）を奉じて上洛を果たした。この時、織田軍は六角氏の近江箕作城《みつくり》を攻めたが、この戦で利家は一番首を取る戦功を立てた。前年には赤幌衆《あかほろしゅう》に列していた。幌衆は戦場で大将の命を各陣に伝令する連絡将校であった。同城攻めでは秀吉が先陣を命じられていたが、利家は自身の役割を無視し、一番槍で城門内に突っ込み手柄を立てたといわれる。

翌永禄十二年（一五六九）八月、信長は美濃・近江ルートのみならず、尾張から伊勢、近江を経て京に到るルートを確保するため、伊勢に進攻を開始、河内城を攻撃した。この時、利家股肱《ここう》の臣村井長頼は長八郎を称していた。利家の側近くで奮戦し、首を分捕ったことから、利家は自身の又左衛門の一字「又」を与え、長頼は以後、又兵衛を名乗ったとされる（『陳善録』）。

同年十月、利家は信長の御意により、兄利久より前田の家督を相続することとなる。利家と慶次郎の人生の明暗を分ける衝撃的事件であった。利家は兄の旧領を合わせて二千四百五十貫を知行することとなった。『壬子集録』によれば、この時の知行地は荒子・高畠・本江・万丁・中・日比津・岩塚の七ヶ村で、石高に換算すると三千石ばかりであった。同月、信長は伊勢国司の北畠具教《きたばたけとものり》を降伏させ、伊勢を平定したとされる。

元亀元年（一五七〇）四月、信長は越前朝倉氏攻略のため、敦賀《つるが》の手筒山城に進軍した。この時、村井長頼は鉄砲で肩を撃ち貫かれて負傷している。同城攻略戦の最中、信長の義弟で、北近江の小谷城主であった浅井長政が信長に反した。六月の小谷城攻めでは柴田勝家が殿《しんがり》軍を務めたが容易には撤退しなかった。そこで信長は利家を遣わして交戦させ、勝家を帰還させた。信長はこの戦闘での村井長頼の戦功を賞したという（『村井重頼覚書』）。同二十八日には姉川での合戦で、織田・徳川連合軍が勝利をおさめた。この時、利家は浅井助七郎と槍合せをして、助七郎を突き伏して、首を分捕ったとされる（『考拠摘録』）。

同年九月、本願寺顕如は諸国の門徒に信長との戦いを命じた。以後十年にわたる「石山戦争」のはじまりであった。織田軍は早速、摂津の石山本願寺を攻略、天満森合戦で利家は「日本無双の槍」（『陳善録』）「堤の上の槍」（『藩翰譜』）と称えられるほどの戦功を立てた。この間、浅井・朝倉軍は大津付近に進攻したため、信長は軍を反転させた。浅井・朝倉軍が比叡山に逃げ込んだため、信長は比叡山を威嚇《いかく》したものの、膠着《こうちゃく》状態が続き、両軍はにらみ合ったが、十二月には勅命により、一時和議が成立した。

翌元亀二年（一五七一）五月、信長は伊勢長島の一向一揆と戦ったが、これは前年十一月の一向一揆の織田信興（信長の弟）殺害に対する報復であった。九月、利家主従は近江金森に戦った。この後、比叡山焼き打ちが敢行されたが、これに利家主従が参戦していた可能性は高い（『三壷聞書』ほか）。

元亀三年（一五七二）七月、信長は近江の虎御前山に出陣し、浅井長政を攻略した。十月、甲斐の武田信玄が西上を企図して甲府を出陣したため、十一月に信長は越後の上杉謙信と同盟を結んだ。十二月武田軍は遠江三方ヶ原の合戦で、織田方の徳川家康を破った。この時、利家の弟で織田方の軍として参戦した佐脇良之も戦死した。信玄の脅威に信長はピンチに立たされたが、信玄は翌元亀四年（一五七三）四月、信濃の陣中で没した。

七月、将軍足利義昭は山城槙島城で挙兵したが敗れ、河内に追われ、ここに尊氏以来の室町幕府は滅亡し、年号は天正と改められた。八月に信長は越前朝倉氏、北近江の浅井氏を滅亡させた。なお、越前刀根山合戦の際、荒子を退去していた奥村永福が利家の下に帰参したとされる（『陳善録』『奥村家譜』）。九月には再び伊勢長島の一向一揆を攻撃、翌二年（一五七四）九月にはこれを殲滅《せんめつ》した。

天正三年（一五七五）五月、織田・徳川連合軍は三河長篠合戦で、甲斐の武田勝頼軍を破った。この合戦では武田の騎馬軍団に対し、鉄砲の威力が真価を発揮した。「長篠合戦図屏風」には鉄砲隊の一隊を指揮する利家の勇姿が見られる。

なお、越前では朝倉氏滅亡後、一向一揆が蜂起していたことから、同年八月に信長は越前府中に進攻し、一揆を鎮圧した。この時、信長が京都所司代村井貞勝に戦況を知らせた書状には、二十日に「ひなかたけ」という山へ、利家らを派遣し、千余人を斬り捨て、生け捕り百余人も首を刎《は》ねさせたことが見える（高橋源一郎氏持参文書／『古文書纂』

三四）。

利家、能登国主への道

天正三年（一五七五）九月、越前を平定した信長は柴田勝家を越前国主とした。利家と佐々成政、不破光治は「府中三人衆」と呼ばれ、勝家の与力として今立《いまだて》・丹生《にゅう》両郡の支配に尽力した。利家が府中（武生。現福井県越前市）城主（三万三千石）として城持ち大名になった瞬間でもあった。

信長の一向一揆殲滅は伊勢長島のみならず、越前でも凄惨を極めた。利家と同じく勝家の与力となった佐々成政の居城、小丸城跡で発見された軒丸瓦の銘には、五月二十四日に蜂起した一揆勢に対して、利家が千人ばかりを生け捕りにし、磔にしたり、釜に入れてあぶったりといった苛酷な成敗を行ったことが記されている。

小丸城跡出土文字瓦（味真野史跡保存会所蔵・越前市教育委員会提供）

利家の城持ち大名への道は、まさに織田軍団の抵抗勢力との苛烈なる戦闘を経て、「やるか、やられるか」という極限状況の中で獲得した褒賞の積み重ねでもあった。同時に、彼を支えてきた荒子衆の悲願でもあった。

府中入封後の知行割りに関する記録では、兄安勝、弟秀継（ともに千石）の一門衆、青山氏（千石）、高畠氏（八百石）の縁者衆ほか、村井・近藤・奥村・冨田・片山・岡島・岡田・原田・北村・木村・小塚などの諸氏が知られる（『陳善録』など）。なお、慶次郎の妻は安勝の娘であったことから、妻と子供たちはこの時、越前府中に移ったものと思われる。

天正五年（一五七七）八月、越後の上杉謙信が加賀に進攻したため、勝家を総帥とする織田軍が小松から梯川《かけはしがわ》、手取川を越河して布陣した。この陣中には利家のほか、秀吉も従軍したが、軍議の席上、勝家と秀吉の意見が対立したため、秀吉は軍を引き揚げ、長浜に帰還した。

九月、能登七尾城を陥落させた上杉軍の本隊が加賀に進攻し、手取川・梯川を背にした織田軍に対して、豪雨の中で夜襲をかけたため、織田軍は敗退した。利家らは上杉軍の強さを身をもって知らされた。だが、その謙信も翌六年（一五七八）三月、関東出陣を間近にひかえて春日山城で急死した。

同年二月に播磨の別所長治が、十月には摂津の荒木村重が石山本願寺、毛利氏と通じて信長に反した。十一月、利家は他の越前衆と共に、荒木方の高槻《たかつき》城攻めに、翌七年（一五七九）三月には伊丹城攻めに、四月には播磨攻めにも従軍した。さらに十二月には京六条河原での荒木氏一門の処刑に際し、利家らが奉行を命じられた。

天正八年（一五八〇）閏三月、信長は本願寺顕如と和睦し、十年来の石山戦争はここに終結、顕如は大坂から退去した。柴田勝家ら越前衆は加賀の一向一揆の拠点であった「金沢御堂」を陥落させ、十一月にはほぼ同国を平定した。

翌九年（一五八一）二月には信長が禁裏で馬揃え（軍事パレード）を行い、朝廷に武威を示したが、勝家、利家ら越前衆もこれに参加した。三月には越中に進攻した上杉景勝軍を撃退するため、利家らも同国に出陣した。利家は菅屋長頼と能登の国事の監督を命じられた。八月十七日には、信長から能登一国を与えられた（『信長公記』）。こうして、利家はついに念願の国持ち大名に名を列ねることとなった。

小丸山城跡
（石川県七尾市・同市教育委員会提供）

この時期、北陸では越前衆の柴田勝家が越前、佐久間盛政が加賀半国、佐々成政が越中を与えられており、越後の上杉氏に対する織田方の臨戦態勢が整えられた。同月には利家が鳳至郡道下村農民の還住を命じている（『能登国古文書』）。

十月には信長の命により、利家は越前府中の地を返上し、妻子と共に七尾に移る手続きをはじめた（『寸錦雑編』）。府中の地はのちに嫡男利長に与えられたともいわれる。同年、利長と信長の四女（五女とも）永姫との縁組がなされた。利家にとって、天正九年という年には、国主就任と長男の縁組という二重の慶びが訪れた、生涯にわたって記念すべき年となったことはいうまでもない。

本能寺石垣
（本能寺出土／京都市文化財保護課提供）

本能寺の変、その後

明けて天正十年（一五八二）三月、織田・徳川軍が甲斐に進攻し、武田氏は滅亡した。同月、越中富山では神保氏家臣が反乱を起こし、神保長住は城を奪われた。このため、利家らは同城を攻略した。五月には能登国内で、利家の与力長連龍《ちょうつらたつ》が上杉方の棚木城を攻め、長景連を殺害した。利家らはその後、上杉方の前進基地であった魚津城を攻撃、六月二日には同城を落とし、歓喜の酒に酔いしれていたのだ。

五月、信長は安土城を訪問した家康を歓待していたが、備中高松城を攻撃中の秀吉から出馬要請を受けた。このため、明智光秀、細川藤孝（幽斎）らに急遽《きゅうきょ》出陣を命じるとともに、自らも京の本能寺に宿泊した。六月二日、丹波亀山から出陣した明智光秀の軍は、老《おい》の坂《さか》から左折して京を目指し、本能寺の信長を急襲してこれを自害へと追い込んだ。妙覚寺を出て二条御所に移った信長の嫡男信忠や京都所司代村井貞勝らも、明智軍の前に討死した。

鬼瓦（本能寺出土／京都市文化財保護課提供）

「䑓」の字 軒丸瓦（本能寺出土／京都市文化財保護課提供）

同日、安土から京を目指していた利長・永夫妻は瀬田付近で京の変事を知った。利長は幼い永《えい》姫を荒子に避難させ、自身は日野の蒲生賢秀《がもうかたひで》・賦秀《ますひで》（氏郷《うじさと》）父子、さらに伊勢松ヶ島にあった信長の二男信雄に弔い合戦を説いた。

利長らがことを起して安土に進軍した頃には、備中高松城を攻略していた秀吉が全速力で姫路から尼崎に進軍、四国攻めのため大坂で準備をしていた信長の三男信孝を総大将としてまつりあげ、山崎の合戦で明智軍を破った。光秀は大津に逃れる途中、洛南の小栗栖《おぐるす》で土民に殺害され、その首はのちに本能寺に梟《さら》されたとされる。

六月四日、京の変事が魚津城にも報じられたため、同五日には利家らは同城から撤退した。信長の死により、能登でも一揆蜂起の風聞が立った。上杉方に転じていた畠山旧臣の温井《ぬくい》氏らが石動山の衆徒と通じて荒山城に拠った。利家は金沢の佐久間盛政に救援を要請して、荒山城を攻撃するとともに、石動山《せきどうさん》を焼き打ちにした。

信長亡き後の織田家の跡目を決める清須会議では、これまで重臣の筆頭格であった柴田勝家に代わって、山崎合戦の功労者である秀吉の発言力が伸張した結果、跡目は信長の嫡孫三法師（のち秀信）と決まった。以後、勝家と秀吉の対立は深刻化していった。

翌十一年（一五八三）四月、近江賤ヶ岳《しずがたけ》合戦で敗北した勝家は、越前北庄《きたのしょう》城で自害した。当初、勝家方に属していた利家は同合戦後、府中城に入っていたが、秀吉の説得を容れ、秀吉方に転じた。勝家の死を見届けた利家は、秀吉軍の先鋒として加賀に進攻した。秀吉も金沢城に入った。戦後の論功行賞により、若狭・越前二国及び南加賀二郡（江沼・能美）を丹羽長秀に、能登及び北加賀二郡（石川・河北）を利家に、越中を佐々成政に安堵《あんど》して、越後の上杉氏に備えた。

なお、嫡男の利長は松任《まっとう》城領(四万石)を与えられ、城持ち大名に取り立てられた。他大名から見れば、利家の勝家方から秀吉方への転身は、勝家に対する裏切りと映ったが、秀吉は「又左衛門はさりとては、ためしすくなき大将、味方にしては頼もしき人」と、得意の人たらしで調略したのであった。加賀は一向宗門徒の「一揆国」であったから、利家は一層の警戒の必要から、居城を小丸山(七尾)から、かつて金沢御堂《みどう》があった金沢城(尾山城とも)に移すこととなった。

五、利久・利家兄弟の和解

母の死、安勝の立場

永禄十二年（一五六九）の利家の兄利久の荒子退去以来、二人の兄弟の間には冷たい風が吹いていた。両者の板挟みになっていたのは母竹野氏（利春夫人）と利家のすぐ上の兄五郎兵衛安勝ではなかったか。利久は安勝の娘を養女とし、養子慶次郎の妻にしていた。娘の将来を考えれば、安勝の心境は余計複雑であったと思われる。

すでに同三年には、牢人中の利家を気遣いながら、利久に後事を託して父利春は亡くなっていた。さらに、天正元年（一五七三）十一月二十四日、兄弟の母も戦国女性としての波乱に富んだ人生の幕を閉じた。生前には退去した利久のことを気遣っていた。また、元亀三年（一五七二）の遠江三方ヶ原の合戦では五男佐脇良之の戦死という悲報にも遭遇した。法号は「長齢院妙久大姉」。夫と同じく荒子の観音寺で葬送がなされた。

母の葬儀を今度は利家が仕切るはずであった。しかし、この時期、利家は信長の命により、河内若江城に拠る三好義継の攻略に従軍中であったため、葬儀に参列できたかどうかはわからない。葬儀を順延したのかもしれない。ただ、利家のもう一人の兄安勝が利家に代わって葬儀を取り仕切ったことは十分に考えられる。

なお、利家は信長の小姓・近習以来、側近くに仕え、戦時は赤幌衆の筆頭にあった点を考えると、平時は信長が居城とした清須、小牧山、岐阜に夫人の松や子供たちと共に住み、荒子には兄安勝らが母の面倒を見ながら居住し、戦時には荒子衆を率いて、同地から出陣していったのではないかと思われる。安勝の娘は慶次郎の夫人となっていたから、慶次郎の子供たちも荒子に住んでいた可能性もある。

天正三年(一五七五)利家が越前府中城主となり、兄安勝、弟秀継は利家から千石を拝領した。前田一族や荒子衆の大部分は荒子から府中に移った。「家」の存続と一層の繁栄を第一義とする戦国社会にあっては、兄が上、弟が下という儒教的倫理観も存在したが、「家」の事情によっては、前田家のように、実力のある者が手柄を立て、「家」を引っ張り、繁栄へと導いていくことも重要とされていた。したがって

「兄のわしが上で、弟の利家が下という理は通らない。利家が上でも、わしは一向にかまわぬ」

というのが安勝の考えであったのかもしれない。そこには、荒子を退去した長兄利久を反面教師とみた安勝の思考の一端も垣間見える。

ところで、兄が下で、弟が上という例としては、秀吉子飼いの石田正澄・三成兄弟や、家康の子の結

利久兄弟の母・長齢院像
(長齢寺蔵・石川県七尾美術館提供)

城秀康・徳川秀忠兄弟などがあげられる。なお、利家兄弟で見ると、利久、利玄、利家、利之(のち佐脇氏の養子になり良之を名乗る)は父利春(利昌)の「利」字を名乗っている。

これに対して、兄安勝、弟秀継は「利」字を名乗っていないことから、母が違うのではないかという疑問も生じる。「利」字を名乗った子供たちの母竹野氏が利春の正室で、安勝、秀継の母は側室だったとも解される。

とまれ、安勝、秀継が「利」字を名乗っていない時点で、すでに利久や利家との間には、何らかの上下関係が存在したことも考えられる。しかし、利家、安勝、秀継らの兄弟の仲は極めて良好なものであった。以後、安勝は弟秀継と共に、荒子衆の中核として、家中で筆頭の地位にあって、利家の領国支配、後方支援に尽力、終生にわたりこの立場を堅持したのだ。

利久・慶次郎父子の能登下向

天正九年(一五八一)利家が能登国主となって以後、利久・利家兄弟は和解したらしい。利久が能登に赴き、詫びを入れ、利家の世話をうけたようだ。両者の仲を取り持ったのは他ならぬ安勝ではなかったか。兄弟の微妙な確執は他人が介入すれば、かえってややこしくなるものだ。むしろ、両者の立場を理解し得る人物として、安勝が最も理に適っていたと私は思う。

利久・利家の兄弟の和解について、『本藩歴譜』によれば、利家が能登一国を拝領した時分（天正九年）に利久と和睦し、同国に赴き七千石を進められ、七尾城（小丸山）に居住した。家中では「御隠居」と称された。慶次郎は六千石を与えられたとされるが、『高徳公譜略』によれば、利久が拝領した七千石の内、五千石を慶次郎に譲渡したといわれる。

なお、後に慶次郎は能登松尾（松応）に居住したとされるが、同地について、七尾の内の一つに松尾の地名があり、かつては畠山氏の城址があったとされる。また、鹿島路村にも松尾の地名があるが、慶次郎との関連をうかがわせる現地の人々の言い伝えなどは見られないという。

また『村井重頼覚書』では、利家が能登一国及び加賀二郡を取った時（天正十一年）に、利久・慶次郎父子が利家に対して色々と詫びごとを申して謝罪し、以後、金沢に越されて七千石を進められ、「御隠居」としての立場で振る舞われた。一方、慶次郎も関東の陣（天正十八年）までは、家中にあったとされる。

天正九年（一五八一）の利家が能登国主になった頃、利久・利家兄弟の和解が成り、利久・慶次郎父子の下向、処遇があったことがうかがわれる。時期の特定は困難だが、利家が能登の国持ち大名となったことが、兄弟の和解の契機になったことだけはまちがいない。

能登下向に至る慶次郎の足跡

ところで、荒子立ち退き後、能登下向までの利久・慶次郎父子の足跡をうかがわせるものはほとんど見られない。前述の如く、荒子の立ち退き後の選択肢としては、利久のみであれば、同地の観音寺など仏門に入るコース、一家であるなら、利久夫人や慶次郎の実家滝川儀大夫家ないしは滝川一益、亡き娘の嫁ぎ先、熱田の豪商加藤隼人佐家を頼るコースなどが考えられよう。具体的な例証は見られないが、慶次郎にとって、実家の滝川氏や一益の軍団の下で戦功を上げることが最も自然のコースであり、実現の可能性が高かったと思われる。

一益は、天正十年(一五八二)二月からの甲斐武田氏攻めに信忠指揮下の軍に属して戦い、三月の勝頼滅亡の際には滝川儀大夫らが手柄を立てているから、慶次郎もこれに従軍したのではないか。その後、一益は上野一国及び信濃二郡(小県・佐久)を与えられ、関東管領となり、上野厩橋城に入城して関東へのにらみをきかせている。慶次郎も他の一族と共に一益を助けて、新たな領国支配のための手足となって働いたのではないか。

ところが、同年六月の本能寺の変で信長が滅亡したことから、一益は後ろ楯を失い、神流川合戦で北条氏政・氏直軍と戦って大敗、本領の伊勢長島に逃げ帰った。『加沢記』などによると、滝川軍が伊勢へ敗走した際、慶次郎が先手を務めたとされる。信濃に入り中仙道を通過した時、真田信幸軍が待ちかまえ、一戦を交えんとした。慶次郎は信長の滅亡、上方の状況を真田方に報じて、当地での無益な合戦を回避させたという（今福『前田慶次郎』）。

その後の清須会議を機に、一益は柴田勝家方に属した。天正十年（一五八二）十二月、秀吉は勝家に与同する織田信孝を岐阜城に攻めて降伏させた（翌年二月に再び挙兵）。信孝方の部将であった伊勢亀山城主関盛信、峯城代の岡本重政が秀吉方に転じた。

翌十一年（一五八三）正月、滝川一益は降雪で動きのとれない勝家を側面から応援するため、長島城から出陣した。峯城を奪って滝川儀大夫を、続いて亀山城に入って佐治新助を置き、鈴鹿口を固めて秀吉軍に備えた。秀吉軍は二月に亀山城を攻撃し、三月三日に同城を開城させた。その後、秀吉は峯城を攻め、儀大夫も降伏勧告を受け容れ開城した。四月の賤ヶ岳合戦後の勝家、信孝の自害などを受け、一益は所領の伊勢五郡を差し出し秀吉に降伏した。

同十二年（一五八四）、秀吉と織田信雄・徳川家康の対立から、小牧・長久手合戦がなされた。一益は蒲生氏郷、堀秀政らと伊勢方面に出陣、さらに尾張蟹江城主前田与十郎を内応させ、同城を制圧した。しかし、同城は織田・徳川連合軍の攻撃に曝《さら》され、結果的に一益は城主与十郎を切腹させた上、自らは伊勢に退去、家康に降伏の起請文を提出した。

戦後、一益・一忠父子は秀吉の怒りをかい、一益は出家して京の妙心寺に入り、入庵と号した。のち越前大野に蟄居、隠居料三千石を与えられ、茶人として生涯を終えたとされる。一忠は追放され、弟一時に一万二千石を与えて家督を継がせたとされる。

一益を頂点とする滝川一族の没落が、慶次郎の能登下向の契機となった可能性は否定できないのではないか。加賀藩側の記録によると、天正十二年九月には慶次郎が能登末森城合戦に従軍していることが見えるから、慶次郎の能登下向は、同十一年の勝家滅亡から、一益の秀吉への降伏前後の、滝川氏の没落が明らかになった頃と考えてよいだろう。あるいは、慶次郎が利家に奉公することになった背景には、すでに利久が弟利家を頼って一足先に能登に下向していたこと、一益からの仲介、斡旋《あっせん》があったことなどが考えられるのだ。

慶次郎の太刀奉納

ところで、慶次郎が能登に移る以前の動向を知る手がかりとして、記録によれば、天正九年（一五八一）六月に、荒子の住人前田慶二郎（慶次郎）が熱田神宮に「末□」銘の太刀を奉納したとされる。現在、熱田神宮が所蔵する「太刀　銘末□」といわれるものがこれではないかと考えられている。

同太刀の身長は八〇・二センチ、反りは二・七センチ（二・八センチとも）で、鎌倉時代中期から後期の作とされる。特徴として、「最初太刀として制作されたものの、目釘穴が二つある事と、茎尻がやや伏せっている事から、最終的には打刀拵に収まったものと思われる。鎬造、庵棟、長寸で身幅広く、猪首鋒で豪壮な姿。板目肌流れて肌立ち、地

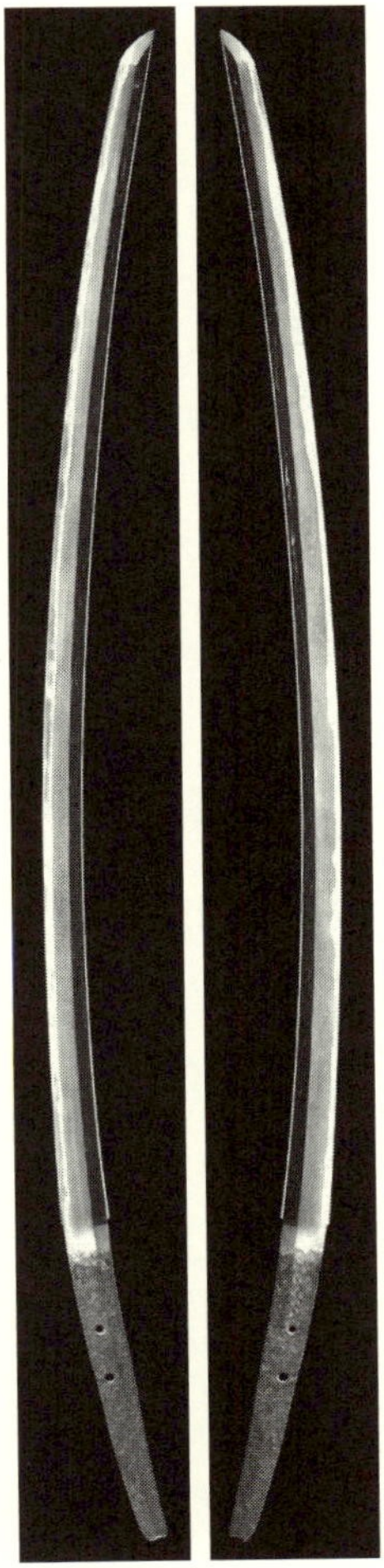

伝前田慶二郎奉納太刀
（熱田神宮蔵）

斑映り立つ地鉄に、刃文は直刃仕立ての小乱れ、互の目が交じる。帽子は表裏共に乱れ込む。茎には「末」の一字が残る」とされる（熱田神宮社報『あつた』一九七号、サントリー美術館『天地人』展図録）。

この太刀の奉納から、慶次郎は利家が荒子城に入った後もそのまま尾張に留まっていたとする説、また、加賀藩の『乙酉集録』所収「尾州荒子城構之図」の東南隅には「慶次郎屋敷」が見えることから、依然荒子に留まっていたとする説もある（今福『前田慶次』）。しかし、この図をもって利家の荒子入城時のものとは断定できず、むしろ、利春の死後から利家入城までの、利久が家督を継いでいた時期のものと考える方が妥当ではないか。

また、家督候補者であった慶次郎が夢を打ち砕かれたことを思うと、荒子に留まるなど、彼のプライドがけっして許しはしなかった点にも留意すべきではないかと思う。尾張に留まった可能性は確かにあるが、やはり活動の拠点は実家のリーダー滝川一益の下で、伊勢長島城付近にあったのではないかと思うのだ。

ところで、慶次郎が熱田神宮に太刀を奉納する意趣はいったいどこにあったのであろうか。この時期、武運長久を願うことが自然であったが、天正九年六月といえば、羽柴秀吉の中国攻めが本格化、但馬口から因幡に進攻を開始した（『信長公記』）頃である。また、四国の阿波方面をめぐって、信長と土佐の長宗我部元親《ちょうそかべもとちか》との腹の探りあいがなされつつあった時期でもある（奥野『文書の研究』）。中国、四国方面に対して、行動を起こすとなれば、大坂からの水軍派遣のため、伊勢の滝川、九鬼氏に活躍の場が与えられることになるはずである。

また、同年九月には、信長の二男信雄を総大将とする軍が伊賀に進攻している。加太《かぶと》口の大将は滝川三郎兵衛で、伊勢衆や織田上野守信兼が軍勢を派遣しているから（『信長公記』）、慶次郎もこの伊賀攻めに従軍していた可能性も高いのではないか。

能登末森城合戦

織田家の宿老で、勇名を馳せた柴田勝家を滅ぼした羽柴秀吉の実権は一層増大していった。天正十二年（一五八四）三月、織田信雄は秀吉と絶交し、織田氏と同盟関係にあった三河の徳川家康と共に対決姿勢を鮮明にした。秀吉は美濃から尾張の小牧山に布陣した。四月には家康軍が秀吉軍を長久手合戦で破った。

北陸では越中の佐々成政が信雄・家康方に属し、秀吉方の前田利家との抗争を展開する。前田氏の末森城は能登小丸山城（七尾）と加賀金沢城の中間に位置し、加賀・能登・越中三ヶ国の国境付近の要衝の地にあった。同城の存亡は前田氏の生命線であったから、

末森城跡遠景
（石川県宝達志水町・同町教育委員会提供）

利家が北加賀二郡を加封された直後から同城を修築、城将に家老奥村永福を入れ、佐々氏の攻撃に備えて防備を固めていた。同年九月、佐々成政は前田氏の朝日山砦（現金沢市）を襲撃、さらに一万五千の大軍を率いて末森城を攻略した。永福配下の城兵はわずか数百で、佐々軍の前に敗色は濃厚となっていた。

同十日、利家は軍勢を率いて金沢城より出陣、翌十一日利家軍は果敢な戦法で同城に入る一方、佐々軍に反撃したため、成政は敗れて軍を越中に撤退させた。同合戦では「御隠居」利久が金沢城の御留守居を務めたほか、養子慶次郎は利家に従軍して戦った。なお、この合戦には、三河武士本多正信の弟三弥正重（加賀藩老八家本多家の祖政重の叔父）も渡り奉公（傭兵）として雇われて従軍していたことが知られる（『高徳院様御戦功残遊覚書』）。

このののち、鳥越城（石川県津幡町）が佐々方に落ち、十月には前田軍が同城を攻撃した。また、利家の弟秀継は佐々平左衛門と倶利伽羅《くりから》で戦った。翌十一月、利家は佐々方の越中阿尾城主菊池武勝に書状を送って、前田方への投降を促した。翌天正十三年(一五八五)二月、越中蓮沼を攻略し、村井長頼の戦功を賞した。三月、佐々軍が加賀鷹巣城《たかのすじょう》を攻め、四月に前田軍が再び鳥越城を攻略、越中砺波《となみ》郡上野村へ夜襲をかけるなど、一進一退の攻防戦が展開された。

五月、阿尾城主菊池武勝父子がついに利家の軍門に降って開城した。『末森記』によれば、村井長頼を先手の大将とする六千の兵が同城を攻撃し、利家が後詰めとして出馬した。この時、前田宗兵衛尉(慶次郎)も先手に従軍したとされる。前田方に転じた阿尾城には、降伏した菊池氏に加え、慶次郎のほか、片山内膳、高畠九蔵、鉄砲大将の小塚藤十郎、長田権右衛門をはじめ都合千余騎が配置された。

佐々勢は次第に劣勢に立たされ、鳥越城や倶利伽羅に布陣していたが撤退した。また、前田秀継の拠る今石動城を佐々平左衛門が襲撃したが、秀継はこれを撃退した。六月には、阿尾城を奪還せんと神保氏張が攻撃してきたが、前田軍はこれを撃破、さらに佐々軍が拠る荒山城を攻略、これを落とした。

「老いの武辺」

八月、秀吉は越中平定のため加賀に進軍し、同十八日に金沢城に入り、同二十九日には越中呉服山に布陣した。このため、富山城の成政もついに、剃髪して恭順の意を表して降伏した。秀吉は成政に新川《にいかわ》一郡を安堵した。

なお、天正十三年（一五八五）八月十七日の前田利家書状（『大日本史料』一一—一八）の宛所には、長九郎左衛門尉（連龍）、種村三郎四郎、長松、宮川伝内、「織部助（高畠定吉）者共」と共に、「慶二者共」と見える。慶次郎に関する数少ない一等史料の一つであるから、全文（読み下し）を掲げておくこととしたい。

返々、七尾に候五郎兵衛ばかりに、留主（守）居をよく残し置き、残りの分ハ七尾衆皆々越されるべく候、九里十左衛門荒山に居り候て、残りの分は越すべく候、以上

明後日（十九日）この表より惣手相動《はたら》き候間、明日この地まで着き候ように、早々に越されるべく候、阿尾の城へも、よくよく念を入れられもっともに候、荒山には九（久）三郎に鉄砲一頭相そへ（添）置かれるべく候、石動には前の定番の者共ばかり置き候て、残りの分は一所に、早々に明日中に津幡まで着き候ように越されるべく候、由断あ

るまじく候、恐々謹言、

又左
利家(花押)

八月十七日戌刻
長九郎左衛門尉殿
種村三郎四郎殿
長松殿
織部助者共
慶二者共
宮川伝内殿

安勝を七尾に留守居として置き、越中阿尾城、能登荒山、石動山のほか、残りの七尾衆は「一所に、早々に明日中に津幡まで到着するように、同地に越されるべし」とある。慶次郎はこの時、越中阿尾城に入っていたが、能登に残し置かれた配下の兵も、この時、津幡へ着陣するように命じられているのだ。

九月十一日、秀吉は利家に自身の「羽柴筑前守」の姓・受領名を与え、嫡男利長に越中三郡(射水・砺波・婦負《ねい》)を与えた。『末森記』には、この時、秀吉は利家の家老らを召

金沢城跡（石川県金沢市・同市提供）

し出したが、その際に利家の兄利久も召し出し「久々に逢い候」と挨拶して、小袖・御道服などを下されたことが見られる。

秀吉が利家に与えた同日付の書状（『袂草』）には、

（前略）将又《はたまた》貴殿しやきやう（舎兄）蔵人入道（利久）ならびに魚住隼人、むかしより能《よく》ぞんじの人に候、末もり・はすぬまの時も、かなざわ城代に居られ候ところに、神妙のてい、是又うけたまはり候、老の武篇（辺）にて候

と見える。

利家の兄利久は、秀吉にとっても昔から良く知っていた存じ寄りの人物であることを述べ、利家が成政と末森城や蓮沼などで戦っていた時に、利久が金沢城代として務めを果たしていたことは神妙であり、このことを利家から承っていたが、これはまさに「老いの武辺」に他ならないとして、秀吉は利久を褒賞したのだ。

かつて、利久は信長の御意で家督を利家に譲渡して、荒子城を立ち退いた。その時、

柴田勝家らが利久の「武辺」不熟を噂したことがあった。信長や勝家らは利久の意思のみならず、彼の存在すらも否定したのだが、秀吉は「御隠居」であった利久の今回の働きを「老いの武辺」と賞して労ったのだ。信長によって否定された利久は、秀吉によって再び名誉を回復されたといっても過言ではない。利久本人はもとより利家や前田家中にとっても、これ以上の喜びはなかろう。このあたりが、秀吉の「ひとたらし」のうまさであろうが、養子慶次郎はこの光景をどのように見ていたのであろうか。

なお、同書には、この合戦で戦った安勝、秀継など利家の兄弟が、重臣らと共に「勇者の者共」として名を列ねているが、同様に戦った慶次郎の名は見られない。だが、無論、秀吉は利久の養子慶次郎の存在は十分に知っていたはずなのだ。

上杉景勝・兼続主従との出会い

天正十四年（一五八六）五月、豊臣奉行人の石田三成・木村清久・増田長盛は越後の直江兼続に書状を送り、上杉景勝の関白秀吉への謁見を勧めた。同月二十日には景勝・兼続主従らの一行が春日山城を出発して上洛の途につき、六月七日には京の六条本国寺に入った。同十四日に景勝は秀吉に大坂城で謁見し、白銀五百枚、越後布三百反を進上した。同十六日、秀吉は景勝を茶の湯に招き、千利休とも対面させた。同二十一日には景勝が従四位下《じゅしいのげ》左近衛権少将《さこんえごんのしょうしょう》に叙任され、同二十四日に京を発って、七月六日に帰国した。

景勝の上洛と帰国の道中については、『天正十四年上洛日帳』（米沢市上杉博物館所蔵）に詳細に記されている。それによれば、五月二十七日に前田氏領の越中中田にて、新造の接待所で増山城主の中川清六（光重）が景勝一行をもてなし、同日には木船城主前田孫二郎（利家の甥利秀）以下の在城衆が一行を出迎え、同城に宿泊した。

春日山城跡
（新潟県上越市・同市観光企画課提供）

翌二十八日、越中と加賀の国境、倶利伽羅峠を越えた所で、「能州之武主」をはじめ、前田五郎兵衛（安勝）のほか、能登・加賀両国の侍どもが一人残らずお迎えに参じた。秀吉の使者として石田三成も森本付近（現金沢市）まで出向き、景勝を出迎え、互いに下馬して対面の挨拶を交わした。また、同所まで「前又左」（前田利家）が「小山」（尾山。金沢のこと）から出向き、一行は小山に到着した。

ここで注目されるのは、「能州之武主」と「前又左」

が別に見えていることである。つまり両人は別人であり、「能州之武主」が五郎兵衛（安勝）の上に出てくることから、「能州之武主」は前田家の「御隠居」である利久を指すものと思われる。

同二十九日は金沢城に留められ、饗宴の振る舞いがなされた。初献は御湯漬け以下の献立での接待であった。この時、利家の九歳の子息（又若。のちの利政）も能を舞ったことが見られる。進物として、胸（胴か）甲、腰物、鞍鐙《くらあぶみ》の贈答が交わされた。終日、観能と宴が催され、盃の台には珍肴、珍酒、山海の珍味が振る舞われたが、その量といったらはかり知れず、比べるもののないほどであった。

また、同日には景勝の威容を整えさせるための人馬が、身分の上下にあわせて用意され、行列は都合四千人の数に及んだ。金沢と京の往復分、在京分についての賄《まかな》い料は秀吉が持つという定めであった。同三十日に金沢を出立、松任（現白山市）に茶屋を設けて昼に一献後、小松に到着したが、同城主村上義明は生憎《あいにく》在坂しており、留守であった。

京からの帰路は、六月二十九日に小松、七月一日に小松から宮のこし（宮腰。現金沢市金石）に到着しているから、海路をとったものか。同夜、同地で、利家の重臣徳山五兵衛が景勝のもとへ挨拶に参り、景勝から脇指を下された。翌二日には倶利伽羅峠を越えて越中に入り、木船に泊まった。三日に岩瀬に着き、同地から海路をとり、翌四日には市振に上陸して宿泊。五日に能生、六日に春日山に帰着した。

景勝・兼続主従らに対する金沢城での接待の席には、利家や使者石田三成以外にも、「能州之武主」利久や弟安勝ほか、多くの重臣が顔を揃え、上杉と前田の新たな親交がとり結ばれることとなった。無論、慶次郎の顔がこの場にあったことも十分考えられる。景勝の初上洛、金沢城での懇親の場こそ、慶次郎と景勝・兼続主従との初めての出会いの場であり、慶次郎の将来を決定付ける機会となった可能性は否定できまい。なお、六月十四日には大坂城に出仕した景勝が秀吉に謁見、その場に利家の嫡男利勝（利長）も着座していたことから、両名は秀吉を介して挨拶を交わしたことであろう。

「御隠居」利久の死

利家の兄利久は、信長の命により突然荒子城主の地位を追われ、不本意ながら隠居して、同城を立ち退くという不幸な人生を歩んできた。だが、弟利家が出世して能登国主になったことを機に、同国に赴き和解した。以後、利久は「御隠居」として弟の世話を受けたが、前田氏が佐々成政と抗争していた折には、金沢城御留守居の役を務め、利家を後方から支援した。

この働きを秀吉は「老いの武辺」として褒め、信長によって奪われていた城主としての尊厳を回復することができた。さらに、上杉景勝の上洛に際して、形式的にせよ「能州之武主」という立場で彼らを出迎え、前田・上杉両家の親交に一役買ったことは否めないのだ。かつては不遇であった利久にとって、老境に入っての能登での隠居生活は、表向き幸福で安定したものであったといえる。

翌天正十五年（一五八七）、秀吉は薩摩の島津義久を討伐するため、九州に軍を進めた。

前田利久墓所（金沢市野田山）

この時、利家は京に在って留守居を務め、後方支援の任をこなし、利長は秀吉軍に従軍し、四月初めに豊前巌石《がんじゃく》城攻めで戦功を立てた。この利家・利長父子を領国で支えたのは、能登七尾にいた安勝と、金沢にいた利久という利家の二人の兄たちであった。

同年八月十四日、利久は金沢で、その波乱に満ちた生涯の幕を閉じた。荒子退去以来、終生にわたって養子慶次郎を気遣ってきた父の、静かな最期であった。享年は不詳、法号は「真寂院孤峰一雲居士」。金沢城南の野田山に葬られた。

なお、法号を見ると、利久は実に寂しい晩年を過ごしたようだが、秀吉によって「老いの武辺」と評され、名誉を回復されたことを誇りとして、孤高の意気を貫き体面を保ったことがうかがわれるではないかと思うのだ。

この時、利家は秀吉の九州平定のために在京しており、葬儀に参列することは不可能であったと思われる。葬儀の喪主はおそらく養子の慶次郎が務め、慶次郎の舅で利久の弟であった安勝が後見として一切を取り仕切ったと思われる。利久の墓は金沢城南の地、野田山の前田家墓所の嚆矢《こうし》として、最高所に築造された。弟利家・松夫妻の墓の後方に位置していることから、利家夫妻の兄利久に対する尊敬と親愛の思いが感じられる。

ところで、利久については「御隠居」の立場からか、没年月日、法号、墓所が明らかとなっているにもかかわらず、利久夫人のその後については不明な点が多い。

前田家の影の部分を担い、謎の多い慶次郎との関係ゆえか、夫人の置かれていた立場や荒子立ち退きからその死までの動向に何らかの問題があったのか、夫人についての記録は残されていない。このこと自体も疑問に思うのだが、あるいは荒子退去の時以来、利家に対する深い恨みのゆえか謎は多いのだ。これに関連して、慶次郎の出自の点であるいは利久夫人こそ慶次郎の実母という説も、あながち否定し得ないのではないかと思われてくる。なお、利久の法号「真寂院」を鑑みると、利久の死去以前に、すでに夫人が死去していた可能性も出てくるのだ。利久の晩年の心象が、いかに寂しいものであったかをもうかがわせる。

秀吉の関東・奥羽平定

天正十七年(一五八九)十一月、関白秀吉は小田原の北条氏直に対して、公儀を蔑《ないがし》ろにして上洛を拒んだという理由から、勅命に逆らう輩《やから》は誅伐《ちゅうばつ》すべきであるという弾劾状を出して、関東出陣を宣告した。

翌十八年(一五九〇)に諸大名に出陣を命じたが、二月には利家・利長父子も金沢より出陣した。降雪の時期で、越後路からの行軍は困難であったため、越前・近江・美濃から信濃を経て関東に至るルートを取った。利家は北国軍の総大将となり、上杉景勝、真田昌幸らの大名が配下に属して行動を共にした。三月には秀吉自らが京より出陣し、翌四月には小田原城を包囲した。

四月、北国軍は上野松井田城を攻略し、城将の大道寺直宗・政繁父子はあえなく降伏した。この頃、利家は小田原城を攻略中の秀吉と東北の覇者伊達政宗の取り成しにも尽力した。北国軍は降伏した大道寺氏の先導で南下し、六月には武蔵鉢形城(埼玉県寄居町)、

小田原城復元天守
（神奈川県小田原市・同市観光課提供）

さらに八王子城（東京都八王子市）を陥落させた。

なお、利家は鉢形城攻略戦では長時間を費やしたほか、降伏した城主北条氏邦を助命し、のち食客に取り立てた。秀吉は徹底的な殺戮《さつりく》、掃討戦を望んでいたことから、攻撃の手ぬるさを叱責《しっせき》した。このため、八王寺城攻めは熾烈《しれつ》を極めた。

七月、北条氏直はついに秀吉の降伏勧告を受け容れ開城した。北条氏政、氏照らは自害を命じられ、早雲以来五代にわたり関東に君臨した北条氏は滅亡した。秀吉はさらに奥羽平定のために軍を進め、関東攻めに協力しなかった葛西・大崎・白河・岩崎・石川といった大名の取り潰し、伊達政宗の陸奥会津から岩出山への移封、かわって蒲生氏郷の会津入封といった大名の配置替えを行う一方、検地の断行を命じた。

このため、八月には出羽仙北・由利一揆、庄内藤島一揆、十月には大崎・葛西一揆、翌十九年（一五九一）六月には南部氏一族の九戸《くのへ》政実《まささね》の乱、といった一揆や反乱が頻発したが、次第に平定され、秀吉の国内統一が完成していくことになる。

利家父子も関東平定後、奥羽遠征に従軍している（『前田雑録』）。一揆の鎮圧後、改めて検地が断行され、利家父子は検田使を命じられた。陸奥碇の関（青森県）付近でのこと、検田使となった利家は、山の頂に上って各土地を見渡しながら目算で高を見極めたが、実際の検地でもその高は近似値を示したといわれる。この時、利長や慶次郎も利家に随行、検地奉行を命じられたとされる（『前田家雑録』『三壷聞書』）。『村井重頼覚書』にも、慶次郎が関東の陣までは前田家中に属していたことが見られる。

逸話①　南部の「そっぺら」

関東の御陣の後、出羽、奥州で利家公が御検地をなされることがござった。南部、秋田の方まで慶次郎殿も走り廻り、利家公に従った。その時のことだが、ある店に楊枝木のような、束ねた木があった。楊枝にもあらず、箸に用いる木というにも麁相《そそう》なる木であった。実はこれは、下々が用をたす所に置き、ちり紙の代わりに用いる「そっぺら」という物であったのだ。

慶次郎殿はその店に立ち寄り、

「これは何と云うぞ」

と尋ねたならば、

「これはそっぺらと申します」

「何に使うぞ。使うて見せよ」

と仰せられた。売主が一本とって、鼻をクンとかみ出し、へらにてこそげて捨てた。慶次郎殿はこの「そっぺら」を少し買い取り、懐中から取り出し、朝夕に愛用していたのだ。

庄内の家老どもが利家公に、

「お茶を差し上げましょう」

と、座敷、庭など善美を尽くしての接待を申し出た。濃茶も過ぎ、利家公らとお話になった時、慶次郎殿が懐中より例の「へら」を取り出し、鼻をかみ、「へら」を投げなされた。

亭主が申すには、

「さては慶次殿、南部の者どもに謀《たばか》られましたな。連中は慶次殿の鼻を自分たちの尻といっしょに致したのじゃ」

ということである。ところが慶次郎殿は、

「ちり紙は如何なる用にも使えるゆえ苦しからず」

と申されたので、今も南部、秋田では、この物語をかくれなく誰憚らず致しているとのことであった（『三壷聞書』）。

奥州の南部信直は、その子彦九郎を伴い、小田原に参陣した。陣中で秀吉は彦九郎を元服させ、烏帽子親を利家に命じたことから、「利」字を拝領して利直を称した。南部氏は旧来の所領をめぐって、大浦（津軽）為信や南部一族の九戸政実との抗争を抱えていた。こうした、秀吉の仕置軍による制圧後にも、在地では反豊臣政権に対する不満が渦巻いていたことをうかがわせる。

「そっぺら」で一杯食わされた慶次郎であったが、

「ちり紙は如何なる用にも使えるゆえ苦しからず」

と腹も立てずにスンナリとやり過ごしている一方、

「そっぺらで慶次郎にひとあわ吹かせてやったぞ」

とニンマリ、得意げに誰憚らず南部・秋田の民衆が揶揄《やゆ》していたことが知られる。この逸話は「そっぺら」を通して、南部、秋田地方の人々の豊臣政権に対する飽くなき抵抗の一端をうかがわせる。同時に反権力を標榜する「かぶき者」慶次郎の懐の深ささえ感じられるのだ。

中川光重の処断

前田一族は利家を前面に押し出し、兄利久、安勝、弟秀継がこれを支えてきた。一方、利家と慶次郎の叔父・甥関係は、慶次郎の奇行から、けっして良好とはいえなかった。慶次郎は計画を立て「いたずら」事件を引き起こし、利家の怒りをかい出奔することになる。

ところで、利家の婿中川光重と嫡男利長の関係にも、不協和音が存在していた。光重は織田氏の一族（信長の叔父信次の家系）で、中川八郎右衛門重政の子であった。重政の代に織田から中川に改姓した。

重政は永禄十一年（一五六八）八月の、信長の伊勢大河内城攻めをはじめとする戦いで活躍している。元亀元年（一五七〇）信長の越前攻めを機に、浅井長政が挙兵した。五月には浅井軍の南進を阻止するため、近江八幡付近の永原に佐久間信盛、長光寺に柴田勝家が配置された時、重政は信長入城以前の安土城に楯籠もったとされる。

同年九月には本願寺顕如が諸国の門徒に信長との戦いを命じた。信長は大坂の石山本願寺攻めに着手し、重政もこれに従軍した。翌二年（一五七一）九月の近江志村城（能登川町）攻め、同三年（一五七二）三月の同国和邇《わに》（志賀郡）攻めなどにも従軍した（『信長公記』）。その後、重政は信雄、さらに利家に仕え二千俵を給付されたが、光重の事件に関わってか、一時牢人して、利家の子利常の代に復仕したとされる。

光重は名を清六郎といい、のちに武蔵守に叙任され、前田家で二万三千石を拝領したとされる。初めは信長に仕え、のち嫡男信忠に属して、天正十年（一五八二）信濃高遠《たかとお》城攻めで戦功を上げた。信長・信忠の死後、利家に仕え、前田安勝らと共に七尾城代となった。秀吉の越中平定に際し、黄金五十両、戦袍一を拝領、のち越中増山城の守将となった。利家の二女蕭《しょう》の婿であったことから、家中での驕《おご》りも見られた。

ある時、光重は公儀の普請に駆り出されたが、どうしたことかこれを怠ったことから、義兄利長が立腹した。舅に当たる利家が利長の怒りを鎮めて丸くおさめようとしたが、利長は、

「侍の役は陣、普請が大事。多少のことは目をつむろうというに、左様に公儀の普請場を空け、過分に役を未進にすること、家中の面々への手前もあるというもの、如何《いかが》なさるおつもりか」

と。利家は、

「法度《はっと》を厳守するためには仲違いすることも致し方ない。利長の言い分はもっともなことである」

と考えた。しかしそうはいっても心情的には、

「婿なれば捨てられぬ」

とも思う。そこで、能登津向（現石川県七尾市）に、光重のために家を新たに作事させ、そこに留め置くこととした。その後、利家と利長は話し合い、太閤（秀吉）の咄衆《はなし》に召

し出させて、三千石を拝領することとなったとされる（『陳善録』）。

一方、『三壷聞書』では、光重の普請役未進の報告を受けた利家が、ことの真相を吟味、家中の者どもがいずれも迷惑がっていたことを聞き付けた。利家は、「武士の公儀普請、軍役などは、専《もっぱ》ら第一に勤めを果たさねばならぬ。それを疎略にし、おのれの栄楽を第一にし、役を傍輩らに押し付けたことは盗賊に似たり。罪科は軽からず」として、能登津向への配流を命じられた。その後、利長より光重に対する宥免《ゆうめん》の話が出たため、赦免なされて太閤のお咄の者に召し出されたとしている。

この後、光重は宗半と称し、秀吉・秀頼に仕えた。関ケ原合戦の頃、宗半は大坂から加賀へ帰国する途中、越前で大谷吉継に捕らえられ、利長宛の謀書を書くことを強要された。宗半は能書家としても知られていたから、利長は宗半の自筆に間違いないとして、大坂方が四万の大軍で金沢城を攻略するという謀書の内容をすっかり信じてしまったとされる。

とまれ、役を未進するという光重の行為の背景には、利家の婿という立場と同時に、本来ならば利家の主人筋に当たる織田一族としてのプライドがあったことは否めない。しかし、利家を頂点とする前田家にとってこの行為は一族、家中の乱れの元になる問題をはらんでいた。たとえ利家の婿という立場であっても、けっして赦される行為ではなかった。光重に対する家中の不平不満を牽制《けんせい》する上からも、利長の光重に対する糾弾は必至であった。

荒子衆を核とする前田家は、領国の拡大とともに、家臣団の数を増加させていったが、各家臣の旧主との関係や仕官の経緯などはけっして一様ではなく、複雑なものであった。利家、利長が最も苦慮したのが、家臣団をどうまとめていくかという、家中の統制の問題であった。ことに、利家の婿として一族に組み込まれた本家筋の長種、織田一族の流れを汲む光重のような、元来前田家より高い家格を有する者たちの扱いが重要な問題となっていた。彼らは自らの家格にそれなりのプライドを持っている。光重の勝手気ままな役末進という暴走の原因もここにある。

「婿だからといって特別扱いすることは、他の家臣の不満を招くことになりかねない。婿ならばなおさらのこと、家臣の模範として前田の家を支えて欲しい」

というのが、利家の本音であったと思われる。利家に対する一族の反発は、家臣団の分裂や前田家の崩壊につながるという警戒感を、利家は持続しなければならなかった。

兄利久、安勝、弟秀継らとの絆の上に家を盛り立ててきた利家にとって、光重の行為の向こうに、家督継承予定者であったプライドを捨てず、反発を繰り返す慶次郎の存在が重なって見えていたのかもしれない。光重の事件を機に、慶次郎に対する牽制と監視を通して、反発する一族を家臣団に取り込んでいくために細心の注意が払われていったと思われる。

六、慶次郎の出奔

利家兄弟の要、安勝の死

文禄三年（一五九四）五月二十三日、利家兄弟の要で、慶次郎の舅であった安勝が七尾で死去した。享年は不明、法号は「天翁道清居士」とされる。同地の長齢寺（寺号は母竹野氏の娘の法号長齢院に因む）に葬られた。

前年十一月、肥前名護屋の陣から一時金沢に帰った利家は、領国内で不正を摘発された代官広瀬作内《さない》の成敗を命じた。その後、同地で新年（文禄三年）を迎え、年頭には金沢城内で、一門衆や諸士からの年賀の挨拶を受けているが、この場に安勝がいたかどうかはわからない。正月二十日には金沢城中で「具足の餅」を饗した。

二月、秀吉は自身の隠居城として伏見城の築造を利家はじめ諸大名に命じているから、この間に利家は金沢から上洛したものと思われる。同二十一日に秀吉が伏見で秀次に茶を饗した際、利家もこれに陪従した。同月末には吉野山の花見に随行、吉水院《きっすいいん》では和歌の会が催され、利家も「花の願い」など五首を詠んでいる。

この頃、安勝は利家の命により、能登国内の一向宗寺院に対して諸税を免じている（『能登古文書』）。三月末には七尾町奉行に対して檜物師の上洛を命じている（『国初遺文』）。

一方、利家が秀吉の宇治行きに随行したほか、四月には、秀吉が京に聚楽第《じゅらくだい》の利家屋敷を何度か訪れている。同七日には利家が権中納言に任じられ、翌八日には利家屋敷に秀吉の正式な御成りがなされた。これが利家が豊臣政権の一翼を担い、のちに五大老の一人となる契機となった。

この間も、安勝は能登にあって領国支配のための実務をこなしていたが、病には勝てなかった。安勝の葬儀では子息利好が喪主になったとみられる。安勝の死はさすがに利家もこたえたらしく、秀吉に暇乞いをして一時は京から帰国した（『国祖遺言』）。

安勝は利家の兄でありながら、利家の越前府中への入封以来、前田家を支えて一門衆の筆頭として、利家と家臣団をよく取りまとめてきたのだ。利家が能登国主でありながら、同時に在京して豊臣政権に参画することができたのも、安勝が七尾城代として領国の安定に努めていたからこそであった。

前田安勝画像
（長齢寺蔵・石川県七尾美術館提供）

安勝は、わざわざ京の利家から領国支配の一々について指示を仰いで実務に専念するような人物であった。彼は長兄利久を反面教師とし、戦国を生き抜く実力を持った弟を盛り立てる生き方を貫いた。まさに、利家兄弟の要であり、一門衆の長たるに相応しい人物であった。

ところで、安勝が死去した翌年（文禄四年・一五九五）の七月、太閤秀吉は甥で関白の秀次を突如高野山に追放して、切腹を命じた（享年二十八歳）。翌八月には秀次の妻妾、子女ら三十余人を京三条河原で処刑、多数の近臣をも殺害した。政治権力者として、叔父が甥を粛清するというショッキングな事件は、結果的には豊臣政権の崩壊を早めることとなったことは否めないのだ。

「家」の存続という視点に立てば、弟秀長の死後（天正十九年・一五九一）、秀吉を直接的に抑止し得る一族を持ち得なかった豊臣氏と前田氏との質的な差がうかがわれる。のち利家は嫡男利長に与えた遺言状で、

「利長は弟利政を子と思い、利政は兄を親と思って結束するように」

と説いている。兄弟の関係を親子の関係にまで引き上げようとする利家の遺命は、これまで自らを支えてくれた兄利久・安勝、弟秀継との強固な絆を意識してのものであったのだ。安勝が利家兄弟の要の立場を担っていたことを暗に示しているといえよう。

なお、慶次郎にとって、天正十五年（一五八七）の養父で「御隠居」の立場にあった利久の死後、舅安勝の存在が一層大きくなっており、これが慶次郎の動向に抑制をかけていたのではないかと思われる。荒子退去から利家への再仕までの期間、夫人や子供たちを、夫人の親である安勝夫妻が引き取り、養育していたとすると、慶次郎は舅安勝に対して

頭のあがらないほどの恩義、遠慮を感じていたのではないか。慶次郎の出奔は秀吉の関東の陣後のことといわれているが、筆者はむしろ、直接的な契機となったのは、舅安勝の死であったのではないかと思うのだ。

慶次郎の出奔

前田安勝（右）・利好父子墓所
（石川県七尾市長齢寺・著者撮影）

慶次郎出奔の経緯について、『可観小説』には、次のような話が紹介されている。

前田慶次は利家のいとこ《（マ、）》である。「天性の徒《いたずら》もの」で、逸話は色々とある。初めは利家に仕え、武功もたびたび立てたことは言うに及ばず、学問、歌道、乱舞に長じ、『源氏物語』の講釈、『伊勢物語』の秘伝を受け、文武の士と云われている。

利家は慶次が常々、世の中を軽く思っていることを厳しく叱責していたが、慶次には利家の思いが通じなかった。

慶次は、

「この家（前田家中）には久しくいられない」

と思い、大きく溜め息をつき、独り言に、

「万戸侯《ばんここう》の封といっても、心に叶わなければ牢人に同じである。ただ心に叶うをもって万戸侯というべきである。去るも留まるもこの境地を得ることを楽しみと思うのである。所詮は立ち退かねばならぬ」

とつぶやいた。ここで、またまた持病の「いたずら心」が起こり、

「ただただ何もせずに利家の下を立ち退くのは無念である」

と思うのだった。

慶次郎にとっては利家に仕えている以上、「万戸侯」には絶対になれないという厳しい現実があった。そんな絶望こそが、彼の心象に、

「牢人と同じではないのか」

という自問を呼び覚まさせたといえる。

何でも思うようなことができることこそ「万戸侯」であるというものである。仮に前田家を去るにしても、ここに留まるにしても、そういった境地を得ることこそ楽しみというものだが、思案の結果、後者の道を選択したというのが、出奔の動機のようだ。

「万戸侯」の逸話とは

ところで、慶次郎が独り言につぶやいた「万戸侯」とは、いったいどのような意味なのだろうか。「万戸」は一万戸の家あるいは多くの家を、「万戸侯」は一万戸を領する諸侯、転じて広大なる土地を領する諸侯を指す。中国古典では、しばしば「当封万戸侯」（まさに万戸侯に封ずべし）という文言が見られる。

『史記』第四十九の李将軍列伝には、「如令子当高帝時、万戸侯豈足道哉」（如令《もし》子高帝の時に当たらば、万戸侯豈《あ》に道に足らんや）という文言が見られ、慶次郎の出奔に至る心境を知る上で、実に興味深い内容を含んでいる。同列伝の訳本を紐解いていくと、次のような記述がある。

李将軍はその名を広という。太史公曰（司馬遷自序）には「敵に向かっては勇敢で、部下に対して愛情深く、その号令は明快で、一軍全てが心を寄せていた人物」とされる。漢の文帝治世十五年（紀元前一六六）匈奴《きょうど》が大挙して蕭関《しょうかん》（中国甘粛省）に侵入した時、李広は良家の子弟であったことから討伐に従軍。騎射に長じて戦功を立て、漢室の侍従に任じられた。李公の従弟であった李蔡も同じく侍従となり、両人とも八百石の俸禄取りの身分となった。

李広は文帝の狩りには常に扈従した。文帝がある狩りの時に、

「惜しいことかな。君は時勢にめぐり合えなかった。もし、君が高祖の時代に居合わせたなら、所領一万戸の諸侯にも難なくなれたであろうに」

と語ったという。一方、李広の従弟、李蔡は文帝に続く景帝の時代に、功労によって俸禄二千石の地位を得て、代国の宰相となった。軽車将軍、楽安侯の後、丞相に任命された。名声は李広より劣ったが、官位は李広の平大臣に対し、李蔡は列侯、さらには三公（丞相・太尉・御史大夫）にまで及んだ。

齢《よわい》六十を過ぎた李広は匈奴討伐の際、進軍が遅れたことについて訊問されたが、一切答弁せず、

「運命といわずして一体何であろうか」

と嘆き、刀を抜いて自害した。李広が死んだ翌年、李蔡は丞相の地位にあったが、景帝の御陵の参道を不法占拠した罪に問われた。検察官の取り調べを受けることになっていたが、これも李広と同じく一切答弁することなく自殺し、所領を没収されたのである。

司馬遷による李広の人物評では、「常に恐れおののき、田舎の人のように、はっきりものも言えない人」であったとされる。だが司馬遷は、彼が亡くなった時、面識のあった人もそうでない人も、国中の全ての人が彼のために心から哀悼の意を表したことをあ

げて、彼の真心は本物であり、心ある人々に真の共感を与えていたとして、「桃李《とうり》物言わざれども　下自ずから蹊《みち》を成す」という一節を掲げている（貝塚・川勝訳『史記列伝』世界の名著一二）。

将軍李広に自分を重ねる

この「万戸侯」の逸話から、慶次郎は六十過ぎで自殺した不運の将軍李広を自身に重ね合わせ（慶次郎も六十二歳）、三公に大出世した従弟の李蔡を利家になぞらえていたことがうかがわれるのだ。

「万戸侯の封といっても、心に叶わなければ牢人に同じである。ただ心に叶うをもって万戸侯というべきである。去るも留まるもこの境地を得ることを楽しみと思うのである。所詮は立ち退かねばならぬ」

と独り言したこの時、慶次郎は、利家が「万戸侯」としての道を歩んでいるのに、自分はなかなか「万戸侯」になる願いが叶わないという、厳しい現実に直面していたのではないか。

慶次郎が「万戸侯」になるためには、今自分が置かれている立場から一旦は自分自身を解放して、新たな「万戸侯」への道を歩まねばならない。換言すれば、「万戸侯」となった利家の下に、永く留まってはならない。留まっていては、自身の願いは叶わないことを悟ったに違いない。

それでは、この時期、慶次郎が利家を李蔡に、自身を不運の将軍李広に見立て、利家の下、すなわち前田家中を去ろうとした理由はどのようなところにあったのであろうか。慶次郎の出奔について、筆者は前述の如く、文禄三年（一五九四）五月の、養父利久の弟で、慶次郎の舅に当たる安勝の死が絡んでいるのではないかと想定した。さらに、安勝の死の直前の四月七日に利家が権中納言に叙任された点（五月二十日に辞任）は注目されよう。

慶次郎にとって、利家の権中納言叙任＝「万戸侯」になったという意識が、これ以後、脳裏を占有したのではないか。それに対して願いの叶わない自分は牢人と同じとみたのではないか。自分と利家の対置の中に、空虚感と焦燥とが渦巻いていたに違いない。

しかし、この対置は利家の兄である安勝にも当てはまるはずだが、安勝の心底は誰にも見えない。ただ、死期の近づいた安勝の心中は「無」に近い。むしろ、安勝はそのような現実を、娘婿として慶次郎が素直に受け容れてくれることを望んだに違いない。少なくとも弟利家が家督を継承し、前田家のリーダーとなって以来、安勝自身がそう振る舞ってきたように、慶次郎にも自制することを求めたに違いないのだ。

利家の権中納言叙任から安勝の死までの期間、慶次郎はもとより、安勝も苦悩したに違いない。だが、

「自身の解放か、それとも自制か」

という慶次郎の心の振り子は、安勝の死を機に、自身の解放を第一義として一気に振り切れ、慶次郎を前田家からの出奔という行動に駆り立てたものと筆者は解したい。なお、慶次郎の思考や行動を左右する背景として『源氏物語』や『伊勢物語』に精通していたほか、『史記』などの中国の古典に対する素養もあったことがうかがわれるのだ。

逸話② 冷水風呂に利家を入れて出奔

前田家からの出奔を決意した慶次郎は利家へ、

「これからは心を入れ替え真面目に生きていく所存でござる。ついては、御茶を一服差し上げたいと思います」

と申し入れた。利家はこれを聞き、

「慶次が改心してわしに茶をくれると申す」

と悦び勇んで、慶次郎の邸宅に赴いていった。慶次郎は風呂に冷水を満々と汲み入れておいた。御茶が済んで後、

「今日はことのほか、寒気も厳しい。我らは炉を用いませぬゆえ、風呂を沸かすよう申し付けましたが、お入りなさいますでしょうか」

と、横山山城守（長知）を通して利家に伺ったところ、利家はすぐに浴室に入っていった。

慶次郎は湯加減（実は冷水の加減）を見ながら、

「なるほど、これは良き具合」

と申し上げた。利家は急いで裸になり、ザブンと入ったところ、ブルッ！　なんと冷水であった。利家は湯船の中で溺れかけ、立ち上がろうとして驚き、

「そこのいたずら者を遁《にが》すな！」

と大声で呼びまわった。慶次郎は「松風」という早馬を持っていたから、かねて裏門に繋いでおいたこの馬に、颯爽《さっそう》と打ち乗って行方をくらましたのだ。

この事件は、利家が領国に下向した際、金沢の屋敷で起こったものか、京都の屋敷で起こったものであるのかは不明である。ただ、諸書の多くは、金沢から出奔して、一旦は京へ赴いたとする。『本藩歴譜』では寺町通りに住んだとされる。

ところで、出奔以前のものも含めて、慶次郎の京都での逸話として、次のようなものが知られている。

逸話③　名馬「松風」

慶次郎は「松風」という名の名馬を持っていた。暑さ厳しい京の夏の頃になれば、毎夕に河原（鴨川か）へ馬の体を冷やしに出かけた。「松風」の馬丁の腰には、烏帽子を付けさせておいた。道中で往来の大名、小名が行き会うと、あまりにも見事な馬だからみな立ち戻って、

「誰の馬ぞ」

鴨川界隈（京都市）

と尋ねるのであった。そのような時には馬丁がそのまま烏帽子を引き被って、足拍子を踏みながら、

「この鹿毛と申すは、赤い蝶つがいに革袴、茨《いばら》かくれの鉄《てつ》冑《かぶと》、鶏のとつさか（鶏冠）立烏帽子、前田慶次の馬にて候」

と、幸若《こうわか》を舞うのである。通行する人が尋ねるたびに唄い舞ったということである（『可観小説』）。自身を売り込むための「キャッチ・コピー」を馬丁に言わせ、舞わせている点に、彼特有の機知の一端がうかがわれる。

当時の馬は明治以降に我が国に輸入されたサラブレッドなどのような種類に比べて小柄であった。馬の産地として

は、陸奥・出羽のほか、東国の上野・武蔵・甲斐・信濃などが知られている。あるいは慶次郎の名馬「松風」は東国産であったと思われる。

ところで、「松風」とは、一般的には松の梢《こずえ》を吹く風、松の梢に当たり音をたてるように吹く風を指すが、慶次郎の愛馬の名「松風」は『源氏物語』第十八帖「松風」や謡曲「松風」などに由来するのではないかと思う。

逸話④ 小脇指で垢を取る

慶次郎殿は信長公より扶助された。この人は若年より普通の人と比べると変わっており、「異風なる人」であった。のちに、聚楽にて銭湯の風呂屋に行き、小風呂の内へ小脇指をさして入ったならば、人々が気遣いしてみなそこから出て行った。慶次郎が小風呂からあがると、小脇指をズバっと抜き、体の垢を掻き取ったのだった。よく見れば、なんと竹刀ではないか（『三壷聞書』）。

また、ある時、慶次郎が銭湯の風呂に入るのに、頬被りして忍び込み、下帯に一尺ばかりの脇指を指し入れて入った。風呂に入っていた人々は、

「すわや曲者よ」

とて、みな脇指を持って再び風呂に入ったのであった。

慶次郎が風呂からあがり、板の間に出て、あの小脇指をスラリと抜いたのを見ると、なんと竹のヘラであった。それで足の裏の垢をこそげていると、風呂に入っていった者たちが、

「柄も下緒も役には立たず、刀の身は汗かき」

とどなり散らして腹を立てた。彼らの脇指の柄も下緒もとっぷりと湯気に曝され、刀身はすっかり汗をかいて「なまくら」になり、役に立たなくなったため、みな取り捨ててしまい、憤りもおさまらなかったという(『可観小説』)。

逸話⑤ 京、室町通での買い物

またある時は、慶次郎が京の室町通を古紙衣に、しなの皮にて編んだ帽子を被り、脇指一腰をさして通行していた。ある棚(店棚)を見やると、そこは呉服屋であった。主人は肥満の大男で、片足を店《たな》の端へ投げ出して、脇にいた者となにやらと雑談をしておったのだ。

慶次郎はするするとこの棚に立ち寄って、この主人の膝を押さえて、

「亭主、この膝はいかほどで売り申すぞ。我らはこれを買い申したい」

と言った。主人は面白がり、

「百貫にて売り申そう」

と答えた。慶次郎が承諾の返事をすると、主人はあわてて足を引っこめようとしたのだが、慶次郎は膝の皿をしっかりと押さえつけており、足を引っ込めようにも、びくとも動かなかった。慶次郎が供廻りの者を呼んだので小姓、小者などが参って畏まると、

「この膝百貫で我らが買いたるぞ、その方ら、金子を取って参れ」

と仰せ付けた。

その後、町中の年寄どもが寄り合って、慶次郎になにかと詫びごとを述べたが、慶次郎はなかなか承伏せず、ことは町奉行の扱いとなり、ほうほうの体で許しを請わねばならなかった。それより以後は、

「京中の店《たな》にて足を投げ出すこと」

は禁制になったとされる。このようなことが、慶次郎をめぐって千にも万にも、日常茶飯事に起こったので、慶次郎が通る所では、みな人々は恐れをなして、家から出る者はいなくなったそうな（『三壷聞書』）。

逸話⑥ 天下御免の「かぶき者」

孝貞（前田）が聞き及んで、語った話である。

慶次郎殿は世に云い伝わる通りの「替り人」（変人）であった。ある時、京洛にて、

「高徳公（利家）の甥御に、衡着《かぶき》（傾奇）たる人物がある」

との由を太閤秀吉公が聞かれ、

「人よりも随分と替わった趣向で、我が前に罷り出よ」

と、御目見えを命じられたとのことであった。

慶次郎殿は髪を片方に寄せて結い、虎の肩衣《かたぎぬ》に、袴も異様なるものを着用し、拝礼の時、頭を畳に横向きに付けて秀吉公の御前で平伏された。このために、髪を片方に寄せて結い、髻《もとどり》が拝礼の時に真っ直ぐになるように拵えたものと見える。秀吉公は、

「この太閤の御意に応じて、さてもさても替りたる男かな」

とお笑いなされ、

「定めていよいよ替りたる仕形を仕るべし」

と思し召され、御馬一疋を下された上、

「御前にて拝領するように」

との仰せが出された。

慶次郎は忝《かたじけな》しとの由で、これを御請けなされた。一旦退出して装束を直し、今度は地味で古式に則った服装に改め、髪をも結い直して、秀吉公の御前に出て御馬を拝領した

が、前後進退の所作については見事なる体であった。

この光景を見た太閤は申すに及ばず、そこに控えた末々までの者たちは目を驚かせたのであった。いよいよ太閤の御意に叶い、

「向後は何方にてなすとも、心のままに傾《かぶ》き候え」

と御免の御意を賜ったことから、慶次郎殿は以後、何かと気ままに「傾き事」をして、一生を送られたとのことであった（『重輯雑談』）。

太閤秀吉に御目見えし、御前で「かぶ」いてみせた話は、慶次郎の逸話の中でも最も有名で、異彩を放つものである。「かぶき者」慶次郎の真骨頂を見せつける逸話として、何かと脚色が加えられ、後世の人々に語り継がれた。脚色が加わったものでは、秀吉と慶次郎の間に血生臭い駆け引きがあったという筋書きで話が展開していく。近年刊行された小説やマンガ本など多くの図書でも、この場面は見せ場となっている。この慶次郎の話が仮に本当であったならば、秀吉をこれまで支えてきた利家もこの場にいた可能性がある。

慶次郎の秀吉に対する不届がなされた場合、成敗は慶次郎一人では終わらない。縁座法によって監督不行届として、利家もまた叱責され、その他の処罰を免れない可能性も出てくるのだ。慶次郎の行動に対する利家の気苦労は、想像を絶するものであったと思

われる。

この衝撃的な逸話は、前掲の『加賀藩史料』所収の『重輯雑談』には見られない。前田孝貞（一六二八〜一七〇七）は加賀藩老臣の一人で、対馬守長種（利家の婿）の曾孫に当たる。孝貞は慶次郎が秀吉の御前で「傾いて」見せ、天下御免のお墨付きを得たことを語っているが、「猿まね」をして秀吉を激怒させようとしたとは語ってはいない。そういう話が本来は存在しなかったのか、あるいは、あえて話をしなかったのか、その辺の事情もよくわからない。説としてはどちらも成り立つ。

「かぶき者」慶次郎としての「猿まね」の話は確かにおもしろい。その部分をあえて話さなかったとすれば、そこには何らかのタブーがあったに違いない。利家の慶次郎に対する叱責、さらに気苦労が絶えなかった前田家中では、次第に慶次郎の話題自体が利家への憚りから禁忌となっていったのだ。利家は内心、仮に秀吉が慶次郎を成敗することになったなら、自らが直接手にかけたいとさえ思っていたことであろう。それほどまでに、慶次郎の「かぶき」は、利家や前田家中を脅かす存在になりつつあった。

ところで、利家も若い時には「かぶき者」として、ブイブイ言わせた人物であったが、秀吉から「天下御免のかぶき者」というお墨付きを得たことは、慶次郎にとって、「かぶき」の面では利家を超越したことを意味するのではないか。

ともあれ、慶次郎の奇行には、利家もほとほと手を焼いていたことから考えると、初期の加賀藩前田家中では、慶次郎についての話は、まさに「見ザル、聞カザル、言ワザル」の禁忌であったことも、十分に考慮しなければならない。

逸話⑦ 諸大名の興を冷ます

また、伏見のお城にて太閤様へ御目見えの時に、大なでつけにかまひげ、上ひげを長々と生やし、長袴で御次の間まで出仕した。これを見た浅野弥兵衛(長政)、猪子内匠《いのこたくみ》(一時)などの面々が、

「これはいかなる有様ぞ。長髪にては御目見えは叶うまじく」

と咎めた。そこで慶次郎が、

「畏まった」

と言うままに、つけ髪、かけひげをおっとりとはずすと、なんと、髪、ひげなどを剃っているではないか。その場に居合わせた国々の大名衆がこれを見て、興を冷ましておられたのだった(『三壷聞書』)。

七、陸奥会津へ

上杉景勝の会津移封と慶次郎の仕官

慶長三年（一五九八）正月、豊臣秀吉は越後の上杉景勝に陸奥会津（百二十万石）への移封を命じた。三月、景勝は伏見から会津に初入国した。景勝の重臣で慶次郎とも関わりを有する直江兼続は米沢城主となった。翌四月には越前北庄から堀秀治が越後国主として春日山に入り、国内に一族のほか、与力大名の溝口秀勝を新発田《しばた》に、村上義明を村上に配置した。『会津御在城分限帳』『慶長五年直江支配長井郡分限帳』によれば、慶次郎は千石を拝領、「組外衆」筆頭にその名が見られる。また、『上杉将士書上』などによれば、同年の景勝の所替えのため、とかく人手が不足し、また、謙信以来の武功の臣らも病死したため、手薄になった家臣の補充として、会津の旧領主蒲生家の牢人を召し出したほか、関東牢人の山上道及、上泉主水《かみいずみもんど》、車丹波、上方牢人の水野藤兵衛、宇佐美弥五右衛門ら、数十人を召し抱えたとされる。

これら牢人衆の中に、前田慶次郎の名も見え、

鶴ヶ城復元天守（福島県・会津若松市提供）

> かの慶次郎は加賀の利家の従弟《（マヽ）》に候、景勝へ始めて礼の節には、穀蔵院ひ（よ）《（脱）》つと斎と名乗る。その時は夏なりしが、高宮（近江高宮特産の黄麻布《いちび》）の二幅袖の帷子《かたびら》に、編綴《へんとつ》（俗人で剃髪した者が着用した羽織）を着、異形なる体なり

とある。慶次郎の上杉家への出仕は、慶長三年の夏であったことが見える。なお、この文に続けて、慶次郎は「詩歌の達者なり、直江山城守兼続も学者ゆえに、仲良し」とあり、詩歌を通して兼続とも親交があったことが見える。

逸話⑧「穀蔵院ひよつと斎」

利家を冷水風呂に入れるという「いたずら」の末、出奔した慶次郎であるが、利家は大至急で方々に慶次郎の行方を尋ねさせたところ、関東に逃げ下ったというのだ。上杉景勝に五千石《（マヽ）》で出仕したが、利家を憚り、出家して「穀蔵院ひよつと斎」と名を変えて、「今は長袖なり」として衣服を二幅袖にして、これを着て景勝に御目見えした。その砌《みぎり》、会津への入部の頃には、諸牢人の新参者が多かった。山上道及は関東の牢人で、かつて首供養を三度した者である。そのほか、蒲生家の牢人も多かったとされる（『可観小説』ほか）。

なお、「穀蔵院ひよつと斎」の命名について、「穀蔵」は「穀倉」、穀物の蔵である。「穀倉院」は平安期に畿内近国の調銭、無主の位田、没官田などからの収穫物などを保管した官庫のことで、ここに蓄えられた穀物は饗物、賑恤《しんじゅつ》（貧困、罹災《りさい》の際の救済。現役を離れたものに対する給与）、学問料などに充てられた。また「ひよつと」（ひょっと）とは「①思いがけぬさま。不意に。②もしも、万一。③突き出たさま。にゅっと」の意とされるから（『広辞苑』第二版）、慶次郎は自身が豊かなウィット（機知）の持ち主であることを自負し、「穀蔵」にたとえるとともに、臨機応変にウィットをくり出す様を「ひょっと」という言葉で表現したと思われる。

「穀蔵院ひよつと斎」のネーミング自体が、まさに慶次郎のウィットの一端を物語っているが、同時に「大ふへんもの」の逸話（後述）などに見られるように、見方によっては、自身のウィットが生んだ自惚《うぬぼ》れの結果といえなくもないのだ。

逸話⑨ 慶次郎の「シッペイ」返し

志賀与三左衛門、粟生美濃守《あおみののかみ》らが言うには、

「殿様が御帰依なさっている僧ではあるが、林泉寺（会津か）の僧ほど憎き者はおらぬ。一拳に張り倒したき顔はこの世には他になし」

と。慶次郎は、

「それならば我らが赴き、林泉寺の僧の顔を張ってこようではないか」

と言い、巡礼者に化けて同寺に赴いた。庭の築山の見物を所望し、五言絶句の詩を即興で作り、方丈に進上したことから、和尚に面会する機会を得た。

「巡礼とはご奇特なことである。さてもさても詩の作者かな」

と、詩について二人は和やかに対談し、なかなかのもてなしを受けたのだった。客殿に碁盤があり、慶次郎はこれを見て「碁話し」をした。和尚は、

「巡礼は碁をなさるか。ならば、一番打とうではないか」

と。すると慶次郎、

「お相手を致しましょう。ただし、負けたならば鼻梁にシッペイを当てることにしましょう」

と勝負事の約束を取り決めて碁を始めた。

　慶次郎は一番目はわざと負け、

「さらば、お約束の通り、我らにシッペイをお当てなされよ」

と言った。和尚は、

「約束事なれども、僧の身で人を痛めることは如何か」

と。しかし慶次郎は、

「左様であれば面白くもなし」

と、続けて「シッペイ」を所望したのだ。和尚は、

「沙門《しゃもん》（僧侶）に似合わざることなれば……」

とわざと遠慮深く当てようと、慶次郎の鼻梁に爪弾きを当てられたのだ。

さて二番目は慶次郎が思った通りに勝ち、和尚は、

「さらば、わしにもシッペイをお当てなされよ」

と望んだ。すると、

「御坊様へシッペイを当てることは、仏身を破壊するに同じ。後生にも恐れ多いこと」

「それはその筈にてなし。その身へシッペイを当て、わしにシッペイを当てずば、道をたがえる。是非その方のシッペイを受けようではないか」

と。そこで慶次郎、

「左様であるなら恐れながら当て申さん」

とて、拳を握りすまし、力に任せて和尚の目と鼻の間をしたたかに殴打したのだ。

和尚は気を失い、鼻血を流し、

「これは、これは……」

と狼狽《ろうばい》しているうちに、慶次郎は行方知らずとなり逃げ去ったのだ。さて、この由を栗

生、志賀らへ語ったれば、両人共に「ゑつぼ」（笑いのツボ）に入り笑いころげたのだった（『可観小説』ほか）。

秀吉、利家の死

慶長三年（一五九八）八月十八日、幼い秀頼の将来を五大老・五奉行に託して、天下人秀吉は伏見城で死去した。秀吉の死後、朝鮮に出兵していた日本軍の撤退の過程で、五大老・五奉行体制にも変化の兆しが見えはじめ、そして進行していった。あくまでも秀吉の遺児秀頼の奉戴を志向する傅役の前田利家、五奉行の一人であった石田三成に対して、五大老の筆頭徳川家康の政治力の伸張が顕著になっていった。翌四年（一五九九）に入ると家康の独自の動きに連動して、秀吉子飼いの大名であった加藤清正、福島正則らが三成との対立を深刻化させていった。

豊臣秀吉画像（神戸市立博物館蔵）

家康の動向に対する抑止力として、利家の存在は大きかった。家康との直接対決の回避に尽力したが、病には勝てず、閏三月三日大坂城内で死去した。利家の死を契機に、加藤、福島らの武断派大名は三成の追討を目論んだ。三成は難を避け、あろうことか伏見城の家康を頼った。加藤・福島らは三成の身柄引き渡しを家康に要求したが、家康は三成に居城佐和山（近江）への蟄居を命じてことをおさめた。

政局が目まぐるしく動く中で、慶次郎は秀吉やライバル利家の死をどのように受け止めたのであろうか。その辺の慶次郎の心の動きについても依然謎である。ただ、秀吉は「老いの武辺」と賞して、信長によって否定された慶次郎の養父利久の名誉を回復してくれた人物であった。また、慶次郎の「かぶき」を天下御免にしたことは、「かぶき者」として冥利《みょうり》に尽きることであった。

慶次郎にとって、利家は憎むべき相手であり、また共に武辺者にして「かぶき者」であったから、お互いライバル視しあっていたことであろう。利家は、前田の家督を獲得した上に、得意の槍功でどんどん出世し、豊臣五大老の一人にまで昇り詰め、秀吉の遺児秀頼の傅役にまで抜擢され、豊臣政権にも深く参画した。

このように利家は「万戸侯」の道を着実に歩んだのだが、慶次郎の出る幕は全くない。だが、「かぶき」においてなら

前田利家墓所（金沢市野田山）

話は別である。「かぶき者」としても知られた利家であったが、慶次郎に対する秀吉の天下御免によって、慶次郎の「かぶき」が利家の「かぶき」を超越したことは明らかであろう。その点では、秀吉も、利家も、慶次郎の「かぶき」を認めざるを得なかった。

ただ、二人とも政治権力者としては、風紀を乱す「かぶき者」としての慶次郎を絶対に赦すことはできなかった。相次ぐ二人の死を、おそらくは上杉家中に身を置きながら、慶次郎なりの立場で厳粛に受け止めたであろうことは想像に難くない。

八、関ケ原合戦、その後

「利長謀反」から芳春院の江戸行き

慶長四年（一五九九）八月、前田利長は家康の勧めにより、領国加賀に一時下向した。亡父利家が、

「三年の間は領国に下向するな」

と言った遺言を違えてのことだった。ところが、翌九月には上方で「利長謀反」の噂が立った。重陽の節句（九月九日）に際し、伏見から大坂城に登城する家康の暗殺計画が露見し、その首謀者が他ならぬ利長であったというのだ。だが、「利長謀反」の噂をデッチ上げた張本人こそ家康であったともいわれる。

徳川家康銅像
（静岡市駿府城跡・同市提供）

家康は利長と領国を接する丹羽長重（加賀小松城主）を早々に下向させ、利長の動きに対して軍備を調《ととの》えさせた。利長は嫌疑を晴らすために、重臣横山長知らを上方に派遣して申し開きに努める一方、有事に備えて金沢城の修築、内惣構堀の掘削などを命じて防備を固めた。

家康と利長との政治交渉は越年したが、利長は家

康が提示した「母芳春院（利家夫人松）を人質として江戸に差し出すこと」という条件をついに受諾、五月には芳春院が上方から江戸へ旅立った。この時、利家股肱《ここう》の臣で、すでに隠居の身であった村井長頼が「をさめの奉公」として、随行した。

芳春院の江戸行きは、前田家の政治力の低下と徳川に対する独立性を喪失させた。「豊臣恩顧」の広告塔であった利長が実質的に家康の傘下に入ったことを意味し、多くの豊臣諸大名に去就の決断をせまることになる出来事であった。

なお、芳春院は利長に、

前田利長銅像
（富山県高岡城跡・著者撮影・高岡市協力）

「侍は家を立てることが第一である。私は年寄りゆえ、末も近い。人質として江戸に行くからには相応の覚悟もできている。構えて私のことを案じ過ぎて、前田の家を潰すことがあってはならぬ。つまる所は私を捨てよ。少しも心にかけることなく、家を立てることを専らに心がけよ」

として、「家」存続のための今後の取る

べき立場を考えるよう促している（『桑華字苑』）。

利家の死後、前田家が徐々に徳川に屈従してゆく様を見て、他大名と同様に、慶次郎は改めて政治家としての利家の大きさに舌を巻いたことであろう。同時に上杉家中にあって、徳川に屈するを是とせぬ主君景勝や、家康に対する主戦論を力説する直江兼続の潔さに士気を高揚させていたことであろう。

上杉景勝立つ

直江兼続画像
（米沢市上杉博物館蔵）

慶長五年（一六〇〇）正月、家康は景勝の上洛を命じたが、景勝は上洛しなかった。翌二月には景勝は石田三成と結んで、会津若松城近くに神指《こうざし》城という新城を築いて軍備を固めていた。景勝の重臣藤田信吉は家康との内通を疑われたことから、身の危険を感じて、かえって伏見の家康のもとに赴き会津の近況を報じた。

三月には、謙信の二十三回忌法要に際し、結集した領内の守将らに対して、景勝は「会津割拠」

を宣言し、家康への宣戦布告を披露した。この集団の中に慶次郎の姿があったかどうかは不明だが、組外衆の筆頭という立場であったことを考慮すれば、十分あり得ることといえる。

五月、景勝への上洛を督促した家康に対して、重臣兼続の返書が届いた。返書を読んだ家康は激怒、諸大名に対して、会津討伐を命じた。この時の兼続の書状は一般には「直江状」といわれるもので、文言などから後世の偽作という説もあるが、この時期の上杉家の立場を巧みに表現したものとされている。

この返書について、内容を要約すれば、

①当国の雑説について、内府様（家康）が不審をもたれるのももっともなことであるが、内府様が居られる京・伏見でも、さまざまな雑説《ぞうせつ》が立っているのだから、それほど気にかけることではなかろう。

②景勝様が上洛を延期しているのは、我が上杉家は一昨年（慶長三年）の国替えの後、間もなくして上洛、昨年に帰国とあわただしい中で、当年正月には再び上洛せよとの由、これでは新領国の経営に着手する暇もない。ことに、当国は雪国で、十月から翌年三月という期間は、何事も思い通りにゆかぬことは、当国の事情を知っている者に尋ねれば明らかなことである。

③昨年来、景勝様は内府様に対して謀反の企ては起こさないという旨の誓紙、起請文を数度にわたり差し出したにもかかわらず、内府様はこれを反古《ほご》にされてきたが、重ねての提出がはたして必要なのだろうか。
④太閤様（秀吉）以来、景勝様は「律義の仁」といわれ、今もってそれは変わらない。むしろ、朝変暮化する世上に問題がないのだろうか。
⑤景勝様の心底には、毛頭謀反を企てる意志がないのに、なぜ堀監物《けんもつ》（直政）のような讒言《ざんげん》者を糾明しないのか。
⑥加賀の前田利長については、内府様の思い通りとなり、御威光浅からずで結構なことだ。
⑦仮に、景勝様の逆心が明らかになったとしても、詰問を取り次いだ榊原康政が一応は景勝様に対して、意見や忠告をするのが侍の筋目というもので、そうすることが内府様への忠義なのではないのか。それなのに、康政は堀監物の取次ぎにより、景勝様に対する讒言の幇助《ほうじょ》をしているではないのか。
⑧我らのような田舎武士が槍・鉄砲・弓矢といった武具を集めるのは、上方武士が茶道具を持つのと同じである。
⑨我らが道路の改修や橋の架け替えなどを行い、煩いをなくすことは、治政の常道で

ある。この点を何かと言い立てる堀監物は弓矢の道を知らない無分別者である。不審と思うのなら使者を送られよ。

⑩当年三月に景勝様が謙信様の追善供養を行ったのは、夏中に上洛したいと考えており、それまでに内政を充実させておこうと図っているためである。だから、今すぐ上洛することは、景勝様にとっては時期的にふさわしくない。讒言を申し立てている者に我らを引き合わせ、ことの真相が糾明されない限り、上洛はできない。この趣旨は景勝様の理非、内府様の表裏がはっきりしたならば、世間の者がいったい何と言うだろうか。

⑪「景勝は逆心者だから、会津を討て」と隣国に対して触れ回り、あるいは「人数、兵粮を準備せよ」と無分別者が讒言することを、どうして聞くことができるだろうか。というものであり、家康に対する嘲笑と挑発をうかがわせる（花ヶ前『直江兼続のすべて』ほか）。

七月、会津討伐軍（東軍）は下野小山に着陣したが、同地で西軍の伏見城攻略の報に接し、東軍は反転して軍を西上させ、九月十五日には関ケ原合戦で西軍を破ることになる。家康は会津表の攻略を伊達政宗、最上義光《よしあき》に命じ、上杉軍の南下に備えて結城秀康を小山に置いて守備を固めた。また、最上氏への加勢として南部、秋田、戸沢諸氏に山形への出勢を命じた。

上杉軍の動き

七月二十四日、東軍に与《くみ》した伊達政宗は甘糟景継《あまかすかげつぐ》の拠る白石城を攻略、翌日に同城は落城、城主景継は降伏した。八月二日には景勝が越後の旧臣らに一揆を起こさせ、現在は堀氏領となっている越後国内を攪乱《かくらん》させた。同十二日には直江兼続は伊達政宗討伐のため、福島に転戦した。

九月三日、兼続は米沢城から出陣、最上義光との戦いが開始された。同十三日畑谷城を攻略し、城将江口道連を殺害した。同城の落城により、最上義光は伊達政宗に救援を要請した。勝ちに乗じた上杉軍は山形との通路を絶った上で、志村伊豆守（高治）が拠る長谷堂城、里見越後が拠る上ノ山城（この時、里見越後は山形におり、その子民部が指揮をとる）の攻略に移った。

上ノ山城には木村・篠井・横田らが率いる軍勢をあてた。木村は同城は難攻とみて、援兵を待っての長期戦を想定したが、篠井は短期決戦を主張して意見が対立した。

夜半に城兵の夜襲があり、上杉軍は後退、木村は戦死し、篠井・横田は中山城に逃

長谷堂合戦図屏風(個人蔵・左隻 直江兼続部分)

れた。敗報を聞き長谷堂城を攻略中の上泉泰綱らも同地に転戦したが討死した。民部は上杉方の将兵らの首四百八十余を山形城に送り、最上義光の実検に饗された。

長谷堂城の攻略にあたったのは直江兼続が率いる軍勢であった。同十六日、兼続は菅沢山に、同山麓に春日元忠、上泉泰綱が、北の戸上山に水原親憲が布陣した。その夜、風雨の中を城兵が麓の陣を急襲、上杉方の首二百を取った。十七日には伊達政宗が笹谷峠に兵を出したことから、長谷堂城方の士気は奮い立った。同二十五日には最上義光が長谷堂城救援のため、稲荷塚に布陣した。兼続の陣から五キロメートルの距離にあった。包囲戦が長期化することを恐れた兼続は、城兵が打って出ることを目論み、城周辺での略奪を行った。城兵が繰り出したものの、兼続の策は失敗した。

長谷堂城からの撤退

同二十九日、景勝は関ケ原合戦での西軍敗退の報を知り、兼続に撤退を命じた。兼続は、「石田滅亡によって、敵は戦功を競い、味方の士気は弱ることは目に見えて明らかである。この合戦で木村監物、上泉主水《もんど》らを討死させたが、なお敵との戦いで利を失っている時ではない。敵城を数多く乗っ取り、近々に長谷堂城をはじめ、山形まで攻め破るべきではないか」

と思うようになった。

「このまま何事もなく軍を引き揚げては、今までの働きが水泡に帰してしまう。それゆえ、今一度、長谷堂城へ攻め寄せ、屈強の弓矢を取ってこそ武士《もののふ》の本意というものであろう」

と言い、翌三十日(二十九日とも)早朝に長谷堂城を攻略、城内の曲輪《くるわ》二構えを踏み破り、近辺を悉《ことごと》く焼き払い、敵の首百余りを分捕って引き揚げた。

十月一日未明、兼続が陣所に火を放って退却を開始したところ、伊達の兵二百を合わせた八百の敵兵が追撃してきたため、兼続軍は取って返して応戦し、これを撃退して首実検の後、勝鬨《かちどき》をあげた。翌二日巳《み》の刻(午前十時前後)に軍を引き揚げた。この時溝口左馬助勝路が兼続に申し出た。

「夜に入って軍を引き揚げたなら、味方は大敗軍となるでしょう。今夜は堅固の地に陣を取り、明朝に引き取りなされよ」

との言に兼続も同意した。一里ばかり軍を移動して陣を取り、夜の明けるのを待った。これは謙信の軍法にある「懸り引き」というやり方で、軍は何の支障もなく米沢へ帰陣することができた（「最上の退き口《の》の功名」とも称した）。家康は後々まで兼続のこの撤退の仕方を称賛したとされる（岡崎『武将言行録』ほか）。なお、慶次郎は兼続の陣にあって、長谷堂城からの撤退に際して、殿軍を務めたとされる。

景勝は最上口の兼続らの軍勢を撤収したものの、伊達政宗の南進をおそれ、水原親憲らに福島城救援を命じた。この時、本庄義勝の一隊が松川（現福島市）付近で伊達方の片倉景綱らの軍と戦ったが敗れて、同城に引き揚げた。十月六日、政宗は梁川に侵攻し、須田長義や本庄繁長が防戦に尽力した。伊達軍との攻防戦は翌六年（一六〇一）まで続き、同年三月二十八日には再び梁川で、四月十七日には松川で合戦がなされ、上杉軍が勝利をおさめた（安藤『関ヶ原合戦写真集』など）。

逸話⑩ 「大ふへんもの」の指物

慶次郎の奥州での指物は、白の四半《しはん》に「大ふへんもの」と書き付けられていた。上杉

家中の人々は、

「我が上杉家は武勇の家なるに、このように押し出して『大武辺者《だいぶへんもの》』とは思いも寄らぬ指物である」

と咎めた。これに対して、慶次郎はカラカラと笑いながら、

「さてもさても、お手前方は文字を知らぬものかな。仮名の清濁すら知らぬ。我らのことは、永らく牢人にて金銀もなきゆえ、『大ふべん者』(大不便者)と申しておるのだ。読み方も知らず、左様にのたまうのは誤りである」

と反論した(『可観小説』ほか)。

逸話⑪「朱柄の槍」と「最上の退き口」

また、慶次郎が会津へ出仕しはじめた時分のこと、皆々が武功の証である「朱柄《あかえ》の槍」を持ちたいと思っていた。そこへ、「朱柄の槍」を持った慶次郎が出仕してきたものだから、

「昔から朱柄の槍と玳瑁《たいまい》の槍(鼈甲《べっこう》を装飾に施した槍)とは、武功に勝《すぐ》れねば持つことが許されぬはず」

と相組の者どもがこれを咎めた。慶次郎は、

「これは我が先祖以来の槍である。とやかく言うものではない」

と反論した。

その場で、水野藤兵衛、薙塚《にらづか》理右衛門、宇佐美弥五左衛門、藤田森右衛門らが語らって、「我らは多年奉公しているが、みな未だに朱柄の槍御免はござらぬ。それなのに、新参者の慶次郎が朱柄の槍を所持することは遺恨を招くことになりますので、我らにも朱柄の槍御免をなされますように。そうでなければ、慶次郎に朱柄をやめるように仰せ付けられ、下知されますように」

と訴えた。直江兼続がその頃までに内々に意見したけれども、一同はなかなか聞き容れようとはしなかった。これにより、慶次郎はもとより皆に朱柄御免が出された(『可観小説』ほか)。

また、慶次郎が「朱柄の槍」を所持していたことから、上杉家中の人々はみなこれを笑い、

「きやつが生若き身で、たびたびの勲功の誉《ほま》れもなかろうに」

「我が上杉家の家風は、先主謙信公の御時に粉骨された古参の功臣でさえ、朱柄を憚る家風である」

「さればとて、私的に朱柄を制禁するわけにもゆかぬ」

「我らをあわれと思し召し、なにとぞ制禁の御下知を下してもらいたいものだ」

といった慶次郎に対する陰口が景勝の耳にも達したのであった。

これに対して、景勝は、

「家中の慶次郎に対する批判も道理である。だが、慶次郎は加賀大納言（利家）の猶子《ゆうし》である。当家にしばらくあるからといって、我らの家来とは言い難い。ことさら兵具の類においては、みだりに制禁の下知を加え難し。慶次郎の朱柄の槍については、あやつの思い通りにさせたがよい」

と言われたとされる（『雑記』）。

ここで注目すべきは、景勝が慶次郎について、

「当家にしばらくあるからといって、我らの家来とは言い難い」

と言及している点である。すなわち、景勝は慶次郎を今時の奥羽合戦における傭兵の一人として見ているに過ぎないのである。傭兵は恩賞に満足すれば、そのまま仕官を望むが、不満であれば仕官先を他家に求めることを見通している。景勝のこの発言は、慶次郎にそれほど期待を寄せていたわけではないことをうかがわせる。

ところで、「最上の退き口」の際、最上軍の猛攻に、兼続は怒りをあらわにし、

「味方は押し立てられ、足を乱し、追撃にあうとはさても口惜しきことである。いっそ腹を切ろうぞ」

と、吐き捨てるように言ったため、慶次郎は兼続を押し留めて、

「言語道断、左程のことで弱気になるとは、大将のなすことではない。なんと心せわしき人かな。少しの間、待たれよ。我らにお任せあれ」

と、軽挙を諫《いさ》めたのだ。早速に慶次郎のほか、水野、薙塚、宇佐美、藤田の五人が所持を許された「朱柄の槍」を引っさげ向きを返して、槍を合わせて最上勢に突進して兵を散らし、軍を引き払うことができたとされる（『上杉将士書上』『北越耆談《ほくえつきだん》』）。

逸話⑫　戦場での風貌

ところで、慶長五年（一六〇〇）九月二十九日の最上の陣中、洲川（須川とも）という所で、慶次郎と彼ら五人が一所に朱柄にて敵と槍合せたことは、希代の珍事である。その日の慶次郎の出で立ちは、黒糸縅《おどし》の鎧に猩々緋《しょうじょうひ》の羽織、金のいらたかの数珠に金の瓢《ひさご》を付けたものを襟《えり》に掛け、鉄渋の山伏頭巾《ずきん》の冑《かぶと》に、十文字の槍

伝前田慶次郎所用
紫糸威朱塗五枚胴具足
（宮坂考古館蔵）

を引っさげ、野髪をなびかせた黒い馬に金の山伏頭巾をかぶらせ、唐鞦《からしりがえ》をかけて乗り立てる、というものであった(『上杉将士書上』『可観小説』)。

なお、米沢市の宮坂考古館所蔵の伝前田慶次郎所用のは南蛮風の当世具足で、兜は円錐形の編み笠で、頬当《ほおあて》・胴や裃《かみしも》風の肩当は朱色、大袖には魚鱗をあしらったもので、「かぶき者」慶次郎が使用したと伝えるにふさわしい。

逸話⑬ 子小姓の自害

神戸清庵の語ったところによると、慶次郎殿は上杉景勝の一万石取り(マヽ)にて、白石の合戦で槍合せをし、武勇の場数は人を越えた人であった。ひょうきんな人で、何事にも人とは違った変わった人で、出家をしたような境地にあった。奥州福島で内臓を患い、九死に一生を得た時、秘蔵の子小姓に、

「その方は我らが死んだら追腹を切るであろうか。いやきっと切らぬであろう」

と言った。子小姓は、

「口惜しきことをのたまうものかな。我が心中をお目にかけましょうぞ」

と、言うままに、押し肌を脱ぎ腹十文字に切り、のど笛を掻き切り、その場で自害した。

慶次郎殿は、

「これはいったい何事ぞ。戯れに言ったならば、まだまだせがれの心にて、我らの言ったことを悪く心得て切腹するとは不愍《ふびん》なる次第」

と歎かれ、一両日のうちに歎き死にされたということである（『桑華字苑』）。

と、見えるが、慶次郎の性格では一時は反省しても、歎き死にするようなヤワな人間ではなかったはずだ。

逸話⑭ 小便で薬を飲ませる

慶次郎は「武辺は人の知りたる勇士」であった。松川の合戦の時、福島の城兵が深手を負って負傷した。傍輩が彼を助け起こして、薬を服用させようとしたが、生憎、辺りには飲ませる水もなかった。

「小便で薬を飲ませてやれ」

と誰彼となく言っていたところに、慶次郎が言うには、

「かかる混乱した戦場では、人の心も逆上していて、とても落ち着いて小便をすることはできぬものである。とはいうものの、某《それがし》においては尋常の者とは、ちょっと変わっておるでな」

と、鎧の胴の下に着用していた草摺《くさずり》を引きたぐり、シャーと勢いよく、立ち小便をした

のだった。すなわち、これを飲み水代わりにして、薬を与えたということである(『雑記』)。なお、この合戦は慶次郎が最上口の合戦後、福島城への救援にも参戦した時を指すのか、翌六年四月の合戦を指すものなのかは不明である。

上杉景勝の米沢転封

翌慶長六年(一六〇一)七月一日、上杉景勝、直江兼続ら一行は会津を出立、二十四日に伏見の屋敷に入った。この時、慶次郎も兼続に随行したといわれる。関ケ原合戦で西軍に属した上杉家が敗者となった以上、勝者の家康に謝罪することで処分の軽減を図ってもらわなければならない。景勝は結城秀康に父家康への取り成しを依頼したのだ。今後の上杉家の将来を思うと、会津から京への旅は不安に満ちたものであった。

米沢城古写真(市立米沢図書館提供)

戦後、敗軍した石田三成、小西行長、安国寺恵瓊《えけい》らは捕らえられ、前年(一六〇〇)十月一日に京の六条河原で斬刑されたほか、西軍の総帥となっていた毛利輝元は安芸広島百二十万石から長門萩三十万石へ転封、長宗我部盛親、真田昌幸、逃亡中の宇喜多秀家らは改易の処分を受けた。家康に対する謝罪の如何《いかん》によっては、上杉家も重ければ当主景勝の切腹、改易、軽くても減封は免れない状況であった。

八月に家康に謝罪した後、同十七日に景勝は出羽米沢三十万石への転封を命じられた。上杉家は戦前の所領百二十万石から一挙に四分の一にまで減封されるという厳しい処分を受けたことになる。予想はしていたが、北国の雄として名を馳せた謙信以来の上杉家の家名を思うと、景勝の気は重かった。景勝は失意のうちに会津に帰り、十一月二十八日に家臣六千名を引き連れ、米沢城へ初入封した。なお、景勝の恭順の証として、正室菊姫(武田勝頼の妹)は伏見の屋敷に留め置かれることとなった。

逸話⑮「我が主は景勝公のほかになし」

関ケ原合戦後、上杉家は百万石を召し放され、米沢への所替えとなった。所領が減れば俸禄も減らさざるを得ない。家臣たちの中にはリストラされ、あるいは自主的に上杉家を去った者もいた。そんな折、「かぶき者」で有名であった慶次郎に対しては、他大名からの仕官の引き合いも盛んに行われた。慶次郎は元来腕(武辺)に覚えのある者であり、最上口の合戦での高名の誉れは天下に知れわたっていたから、

「七、八千石で召し抱えたい」

と申し出る大名たちが数多くあった。

慶次郎が言うには、

「天下に我が主は景勝公のほか一人もいない。そのわけは、石田治部（三成）の一味（西軍）であった大名・小名らは、関ケ原の合戦で上方（西軍）が負けるやいなや、人質を家康に差し出し、その後の便宜を図り、降参して自ら立って歩く足もなき浅ましき体である。これらの衆を我が主にするなど、真っ平ご免である。

また、家康公譜代の衆は、近頃まで又者の身（陪臣）で、大名衆に取り立てられた者たちであるから、それを主にするのはもっとご免こうむる。それでもと言うのであれば、家康公の御子である越前の黄門（結城秀康）か、尾張の下野（松平忠吉）であろうが、やはり景勝公をおいては、ほかにはおらぬ。

景勝公は味方が関ケ原で敗北したけれど、少しも弱気を見せず、一言の降伏勧告も容れず、翌年四月までひたすらに合戦されたのを見れば、大剛の大将は景勝公である。主にする人物として、これ以上の人物がおられるであろうか」

と。こうして、慶次郎は景勝の上杉家から他家へ出ることはなく、景勝の子息である弾《だん》正大弼《じょうだいひつ》忠勝（定勝か）の代まで長命を保ち、米沢で病死したのだとされる（『可観小説』など）。

転封にともなうリストラと再仕官

この逸話は景勝、兼続ら一行が家康へ謝罪し処分を受けるため、会津から伏見に赴いた際のものであったとされている。景勝に対する米沢転封という厳しい処分は、随行者は勿論、早馬で会津に注進されたため、家中にも動揺が走ったことは想像に難くない。上杉家の所領が僅か四分の一に減封されたからといって、家臣の知行をそのまま四分の一にして済まされるわけではなかった。

上杉家は合戦に勝利することを前提に、慶次郎をはじめ、多くの牢人衆を召し抱えていた。牢人衆も合戦でひと旗揚げ、恩賞を得ることを目当てに上杉家に仕官した。合戦時には、最上義光、伊達政宗らの軍と善戦した。恩賞を求める声は多い。だが、景勝が敗軍の将となった今、所領の四分の三を削られ、会津から米沢への転封を命じられた現実の中で、直江兼続をはじめ、謙信以来の譜代の上級家臣は減封を、下級家臣らに至ってはリストラをも覚悟しなければならなかった。この問題は、家中に深刻な不安を投げかけた。このため、兼続は自身の六万石を五千石に減らしたほか、謙信以来の家臣で家中に留まる者の知行を三分の一とした。また、治水、開墾事業に努め、殖産事業として青苧《あおそ》、紅花の栽培などを奨励していった。

だが、合戦に勝利するために召し抱えた牢人衆をこのまま扶持《ふち》する余裕は上杉家にはない。まず切り捨てられるのは新参者の牢人衆らであった。

伏見に滞在していた慶次郎には、他大名からの仕官の話が数多く持ち込まれた。慶次郎は景勝以外に仮定した場合の仕官先として、結城秀康、松平忠吉といった家康の子供たち二人を指名している。このことは、徳川一門で、戦後の論功行賞で越前北庄城主となった秀康と、尾張清須城主となった忠吉が将来的にも安定した有望な領主であると目され、新たな仕官先にと希望者が殺到していたことをもうかがわせる。

慶次郎と共に上杉家に仕官し、奥羽の合戦に参戦した牢人大将として、上泉主水泰綱、反町大膳亮《そりまちだいぜんのすけ》幸定、北爪大学、車丹波《くるまたんば》斯忠《つなただ》、才伊豆守道二、岡左内定俊などが知られる。

上泉主水は戦国期の剣豪、上泉伊勢守信綱の孫と伝えられる。長谷堂合戦で戦死したが(四十九歳)、その子秀綱が主水を称して父の跡を継ぎ、家臣として兼続に従い、大坂の陣に従軍したことが知られる。

反町大膳亮も最上口の合戦で武功を立て「長谷堂の四本槍」の一人とされたが、戦後上杉家を去り、諸家を転々として、寛永年間(一六二四〜四四)に故郷の上州で亡くなったとされる。

車丹波は慶次郎と同じく組外衆に列し千石を拝領した。もとは常陸佐竹氏の旧臣で、その後会津を領した蒲生氏郷に属し、さらに家臣蒲生郷可《さとよし》に仕えたが、同氏の宇都宮移封を機に牢人した。上杉氏の会津入封にともない、主人の郷可と共に直江兼続に属し、仙道筋を守備した。

ところが、戦後の賞罰の際、丹波は持ち場を離れて訴訟に及んだとして、丹波組の者は馬上から徒歩の者に至るまで、みな「召し抱え無用」という兼続の指示が出された。慶長七年（一六〇二）五月、佐竹義宣が常陸水戸（五十四万五千八百石）から出羽秋田（二十万五千八百石）への転封を命じられた。上杉家から召し放たれた丹波は、この時、旧主佐竹氏の居城であった水戸城の奪還を企てたが、陰謀が露見して一族と共に処刑された。

才道二（道仁）は伊豆守を称し、また小田切所左衛門を名乗ったとされる。長久手合戦では家康軍に属して戦功を立て、その後、前田家から上杉家に仕官した。車丹波と共に仙道筋を守備し、松川合戦では伊達政宗の甲に二太刀をあびせたという武勇伝も残されている（『上杉家御年譜』など）。のちに前田家に帰参が叶い『慶長之侍帳』では「三千石才伊豆」と見える。大坂冬の陣では前田利常に従軍し、真田丸の攻略戦に参陣した。真田軍の打ちかける鉄砲の玉にも恐れをなさず、ただ武田信玄から拝領した甲に疵《きず》がつくことを心配していたとされる。この合戦での戦功が評価されたのであろうか、『元和之侍帳』では「四千石　才伊豆道二」とある。

岡左内も、もと蒲生氏郷に仕えたが、その子秀行の宇都宮転封の際、そのまま会津に留まり、上杉景勝に仕えて四千二百石を領した。戦後、上杉氏の米沢移封には従わず、そのまま会津に留まったとされる。なお、旧主氏郷にならってキリシタンとなっていたが、猪苗代《いなわしろ》にある「バテレン塚」は左内とその家族の墓碑であると伝えられている。

これらの牢人大将のその後を見ていくと、そのまま上杉氏の下に留まったのは、長谷堂合戦で戦死した上泉主水泰綱の子秀綱のみであり、再仕官して勝ち組となったのは、加賀藩前田家に帰参した才道二のみであった。なお、車丹波は『氏郷記』によれば、秀吉の奥羽平定後の九戸政実の反乱の際、氏郷に属して出陣したが、陣中で喧嘩《けんか》沙汰を起こしたため、召し放たれたことがあったとされる。所領を四分の一に縮小された上杉家にとって、新参の家臣の選定、取捨に際して、過去の失態の有無が評価を左右する大きな要素となっていた（以上、今福『上杉軍団の牢人大将』／『直江兼続の生涯』）。

ところで、才道二は前田家帰参後に異例の高禄（三千石から四千石）を得ている。あるいは道二は加賀の前田家から慶次郎の行動の監視、報告といった密命を帯びて、牢人を装い上杉家に仕官していたのかもしれない。

なお、リストラと再仕官について、もと近江甲賀住人であった青木新兵衛正玄は、越前府中で原彦次郎に仕え、のち佐久間盛政、中村一氏、蒲生氏郷を経て上杉景勝、さらに松平忠直を経て、元和九年(一六二三)に加賀の前田利常に仕え、五千石を給付されて足軽頭となり、剃髪して芳斎と号した。正玄は勇士として知られ、福島城の戦いで、伊達政宗の冑の立物に槍を突当てたことから、政宗は危機を感じて逃走したとされる。

また、越中弓庄城の土肥氏に仕えた有沢采女《うねめ》は天正十一年(一五八三)上杉景勝に仕えたが、慶長六年(一六〇一)出羽の最上義光に仕えて越後小国城を預かり、元和二年(一六一六)利常に仕えて千石を給付された。采女の曾孫永貞とその子武貞・致貞は甲州流の兵学(有沢流)を加賀藩に伝え、「有沢三貞」を称したという(以上、加賀藩『諸士系譜』安藤『関ヶ原合戦写真集』など)。

現実の中の慶次郎

上杉氏の米沢転封に伴う牢人衆のリストラといった事情を考慮し、改めて慶次郎の動向を見てゆくと、慶長七年(一六〇二)の「詩歌百首」以降、米沢での足跡は確認されないとされる。上杉家への残留を主張していた慶次郎。「かぶき者」として勇名を馳せ、直江兼続とも親しい間柄であったが、はたして、上杉家の厳しい台所事情が慶次郎の残留を許すことが可能であったのだろうか。

また、生来の「かぶき者」であった慶次郎にとって、

「我が主は景勝公のほかはなし」

と言い切った心境が純粋で不変なものであったかどうかも疑問である。

むしろ「我が主は景勝公にほかになし」と格好よく「かぶいて」みたものの、上杉家の現実は合戦前より厳しい。慶次郎の「かぶき」、気風のよさに、上杉家がしっかりと応えて合戦前と同様に千石を、あるいは最上口の戦功を評価して加増を、と期待することも困難である。そんな厳しい状況が、次第に慶次郎の目にも現実味を帯びて見えてきたのではないか。

前述の「万戸侯」の逸話ではないが、出奔した金沢よりもなお寒さ厳しい米沢でじっと耐え、合戦も既に終わった後まで真面目に景勝や兼続に仕えるという質素で禁欲的な生活の中で、慶次郎にまたまた、「いたずら」心という悪い病気が頭をもたげてくるのは自然の成り行きではなかったかと思うのだ。それゆえ、「我が主は景勝公のほかなし」と言ったという逸話は、あくまでも慶次郎の「かぶき」、気風のよさを喧伝したもので、上杉家の厳しい現状と慶次郎自身の心象の変化を止めることはできなかったのではないかと思われるのである。

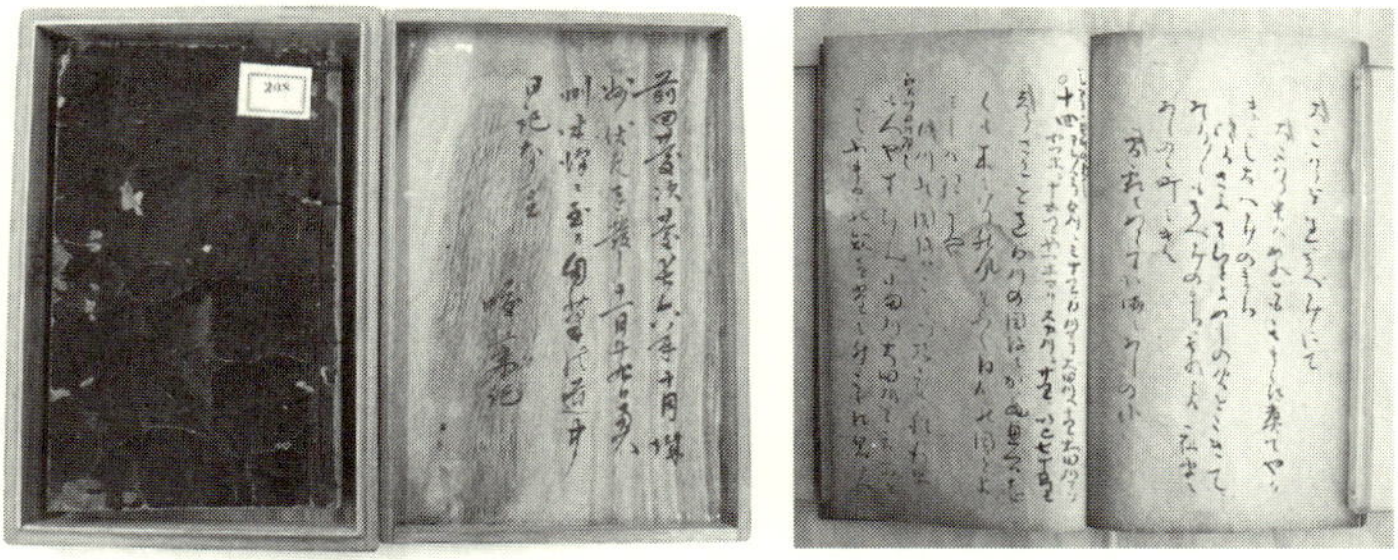

『前田慶次道中日記』(市立米沢図書館蔵/蓋裏・18丁裏・19丁表)

『前田慶次道中日記』

慶次郎が兼続らと共に、再び伏見から会津に戻ることなく、直接に移封先の米沢へと下向した。その道中の日々を書き綴った見聞記が『前田慶次道中日記』であるといわれている。『日本庶民生活史料集成』第八巻見聞記(三一書房刊)所収の同書の解題によれば、同書は昭和の初めに、骨董商から米沢出身の志賀槇太郎氏(東京大学史料編纂所職員)の手を経て、昭和九年(一九三四)に米沢郷土館、のち同市立図書館所蔵となったとされる。

文体はカタカナ、ひらがな交じりで、日付は数字のみ、日付の下にその日の日程、さらに割注で小文字のカタカナで里程が記されている。ただし、外題や巻頭には書名は見られず、頭書に「謹書　啓二郎、慶長六年孟冬、城州伏見の里より奥州米沢の庄に到る道の日記」(原文は漢文)と記されており、箱書に『前田慶次道中日記』と見える。

軽妙な筆致で、古体がうかがわれるとされる。

『道中日記』に見える行程

まずは『道中日記』に見える伏見から出羽米沢までの行程を概観しておこう。

孟冬（十月）

二十四日　伏見─〈三里〉─大津─〈海上三里〉─堅田〔都合六里〕

二十五日　堅田─〈海上十五里〉─前原《米原》〔都合十五里〕

二十六日　前原─〈五里〉─関ケ原─〈三里〉─赤坂〔都合八里〕

二十七日　赤坂─〈五里〉─河手─〈四里〉─売間《鵜沼》─〈二里〉─大田の渡〔都合十一里〕

二十八日　大田─〈五里〉─神大寺─〈三里〉─奥手〔都合八里〕

二十九日　奥手─〈六里〉─中津川〔都合六里〕

三十日　中津川─〈三里〉─馬籠〈三里〉─妻籠─〈三里〉─野尻〔都合九里〕

霜月（十一月）

一日　野尻─〈一・五里〉─栖原《須原》─〈二里〉─萩原─〈二里〉─福島〈一・五里〉─宮越〔都

合七里〕
二日　宮越―〈五里〉―楢井（奈良井）―〈三里〉―本山―〈四里〉―下諏訪〔都合十二里〕
三日　下諏訪湯本〔二泊〕
四日　下諏訪―〈五里〉―和田―〈二・五里〉―長久保―〈二・五里〉―望月〔都合十里〕
五日　望月―〈五十里〉―軽井沢―〈十五里〉―坂本〔都合六十五里〕
六日　坂本―〈三十里〉―安中―〈二十五里〉―倉賀野〔都合五十五里〕
七日　倉賀野―〈十五里〉―柴の渡―〈十五里〉―キ崎―〈十五里〉―新田〔都合四十五里〕
八日　新田〔二泊〕
九日　新田―〈十里〉―八木―〈二十里〉―犬伏〔都合三十里〕
十日　犬伏―〈二十五里〉―栃木―〈十五里〉―壬生―〈二十里〉―宇都宮〔都合六十里〕
十一日　宇都宮―〈十五里〉―う治江（氏家）―〈十五里〉―狐川（喜連川）〔都合三十里〕
十二日　狐川―〈二十里〉―佐久山〔都合二十里〕
十三日　佐久山―〈十里〉―大田原―〈二十里〉―鍋掛―〈二十里〉―芦野〔都合五十里〕
十四日　芦野―〈三十里〉―白河―〈十里〉―大田川―〈十五里〉―八木―〈二十里〉―須賀川〔都合七十五里〕

十五日　岩瀬―〈十里〉―笹川―〈十里〉―郡山―〈十里〉―高倉―〈十里〉―本宮〔都合四十里〕

十六日　本宮―〈十五里〉―二本松―〈十五里〉―八丁目―〈十五里〉―大森〔都合四十五里〕

十七日　大森―〈十五里〉―庭坂〔都合十五里〕

十八日　庭坂―〈三十里〉―板谷―〈二十里〉―石仏〔都合五十里〕

十九日　石仏―〈二十里〉―米沢〔都合二十里〕

となっている。

伏見から米沢までの行程は、大津を経て堅田から米原までは琵琶湖の航路をとり、米原から中山道を通って、木曾を経て倉賀野に至り、同地から新田を経て壬生《みぶ》に至り、同地から奥州路に入っている。

ところで、里程に関して見てみると、十一月四日の下諏訪―和田―長久保―望月の都合十里まで、毎日十里前後の行程であったものが、翌五日の望月―軽井沢―坂本は都合六十五里の行程とされ、以後、米沢に至る行程では、里数が実際の距離より長く換算されていることに気がつく。

一般には、一里は三十六町＝約三・九キロメートルであるが、信濃の望月以降の里程は、それより古い昔の一里＝六町での行程で示されているのである。この間の里程を六分の一で計算すれば、ほぼ十里前後となる。

京―信濃の望月と、望月―米沢との里程の違いは、この時期の里程の制度の違いによるものと思われる。しかし、一編の『道中日記』の、しかも文学的才能を散りばめた軽快な筆致の文章としては、表記の仕方という点では若干アンバランスな感も免れない。あるいは、京―望月の文章と、望月―米沢の文章は別のもので、「啓二郎」なる者がこれを一書にまとめて浄書したものとも考えられはしないだろうか。この点も、謎の一つである。

『道中日記』の内容

以下、『道中日記』の内容に移ろう。同書は道々の見聞について、その時々の感動を和歌、連歌、漢詩に詠んで散りばめるという構成になっている。

十月二十四日　伏見―大津―堅田では、関山（逢坂関）を越える際には、

誰ひとりうき世の旅をのかるへき　のほれは下る大《（逢）》坂の関

と詠んで、伏見から米沢への旅を「浮世の旅」、すなわち人生になぞらえているのだ。大津から堅田までは、船にて風光明媚《ふうこうめいび》な琵琶湖の景観を楽しみながらの旅であった。さまざまな景勝地を目にし、石山寺では紫式部の昔を思いながら、

風の上にありか定めぬちりの身は　行衛もしらすなりぬへらなり

という古歌を独り言にそらんじた。旅人は自らを「ありか定めぬ塵の身」としている。

同二十六日、前原（米原）から関ケ原を経て赤坂では、

けふまてはおなしき路をこまにしき《（来）》　立別けるそなこり《（名残）》を《（多）》をかる

と見える。

同地でこれまで召し使ってきた高麗人が重病になったため、関ケ原近くの菩提山城主に文を添えて、この高麗人の後事を託した。彼には楚慶、雀人という二人の子があった

が、二人はそのまま米沢まで随行することになり、父子の別れが一行の涙を誘った。そこで旅人は白楽天の故事に因んで、かような和歌を詠んだのであった。

同二十八日、大田―神ノ大寺―奥手にては、

冬までもをくて《（奥手）》はか《（刈）》らぬ稲葉哉

同三十日、中津川―馬籠―妻籠―野尻にて、里はずれの山道を紅坂と称したが、

けはひ《（化粧）》たる妻戸の妻のかほの上に　ぬりかさぬらしへにの坂の山

と詠んでいる。野尻では、

さむさには下はらおこす野尻哉

とあり、この頃、旅人は寒さで腹部を冷やして下痢を起こしていたらしい。

霜月一日、野尻―福島―宮越の途中で、木曾のかけ橋を通った。この橋は太閤秀吉が

馬宿改めの際に修復したものである。車馬の通行、旅人の往来も盛んで、東西を行き交う貴賤の人々によろこばれていたから、

信濃路や木曾のかけ橋なにしおふ

と詠んでいる。

同二日、宮越―楢井（奈良井）―本山―下諏訪では、鳥居峠を越えて楢井の町に入って、

行末の道をなら井の宿ならは　日高くとても枕ゆふ（結）へく

と。

なお、本山を経て桔梗原から分かれて塩尻峠に登れば、富士の山がすぐそこに見えるだろうとして、

すみの山のひかしなるらし富士の雪

北は黄に南は青くひかし白　西紅《くれない》井に染色の山

などと詠んでいる。

同三日、下諏訪湯本に逗留。明け方に諏訪湖の水面が鏡をかけたように反射して光り輝くさまを見て、

こほらぬは神やわたりしすはの海

と詠んでいる。「神やわたりし」とは諏訪神の「御神渡《おみわた》り」を意識している。

同五日、望月から軽井沢を経て、坂本に到着する。しばしの間まどろんでいたが、京洛の友人を夢に見て、漢詩を作っている。

向東去北行路難、途隔古郷涙不乾
我夢朋友高枕上、破窓一宿短衣寒
(東に向かい北に去る行路の難、途《みち》に古郷を隔て涙乾かず。我朋友を夢みて高枕の上、破窓の一宿は短衣寒し)

同十二日、狐川（喜連川）―佐久山では、寒夜にて寝られず、寂寥感にさいなまれて、

　氷る夜やかたはらさひしかり枕　山河の雪にのこしおく人
　つかねても重き真柴は負かへて

百句を作ろうとしたが、睡魔におそわれること甚だしく、そのまま床についている。
同十三日、佐久山―大田原―鍋掛―芦野では、大田原から鍋掛付近にて、

　大たはら米はあれとも其ままに　煮てやかま（噛）ましなへかけのまち

と詠んでいる。夜半に芦野に到着、

　雪霜にめくりは流るあしの哉

と、改めて時の流れ（雪霜）について考え直している様がうかがわれる。
同十四日にはいよいよ奥州に入り、芦野から白河、大田川、岩瀬を経て須賀川に到っ

た。京から遠くに来たものだと思うと「秋風の吹く白川の関」と詠まれるのは道理に適っているとして、

白川の関路《みち》はこしつ旅衣　猶行末も人やすむらん

と詠んでいる。その後、布馬瀬の観音堂で岩に刻まれた五百羅漢像を見ていると、何とありがたいことかという気持ちになった。筑紫にもこのような像があり、弘法大師の作と聞いていたが、この像も大師の御作であるという。この石像近くで亡くなった親などが見えることがあるという言い伝えがあったので、自分も亡き親（利久か）を偲んで、

切紙招亡親、斟酒祭霊鬼
（紙を切り亡親を招く、酒を斟《くみ》て霊鬼を祭る）

と詠み、幾分安らいだ気持ちになった。薮木の里まで行ったが、そこに泊めてもらう宿もなかったので、岩瀬まで足を伸ばした。

とはゝ人ニいわせのなみのぬれぬれて　わたる宿つけ（告）よ夢のうきはし

十五日、岩瀬―郡山―高倉―本宮では、高倉の野の中に周囲十丈の沼があり、その中に小島が見える。里の長に尋ねると、これこそがあの「浅香の沼」（安積山《あさかやま》の麓にあったといわれる沼。著名な歌枕）であるという。また、そこに七、八丈の山があり、これが「浅香の山」であるという。この山は和歌の道に心ある人ならば詠まぬことはないとして、

心あらん人に見せはやみちのくの　浅香の山ののこるかつみを

と詠んでみると、もっともだと思うようになった。和歌の道はまだまだ未熟ながら、浅香の山を見ることができたという思いもよらぬことであった。すっかり老いてしまった我が身のありさまを見ていると、これまでの過ぎ去った日々とこれからの未来を思い続けても、野を行く水が止まらないように、

世の中にふり（古）行物は津の国の　なからのはしと我が身なりけり

故事を紐解いてもどうすることもできないと、ただ涙を流すのみであった。
十八日、庭坂─板谷の峠を越え、石仏に到った。板谷の坂を越えるというので、

あつさ弓いたやこしするかりは哉

また、石仏について、

にんにく《（忍辱）》のにうわ《（柔和）》のすかた引かへて

と詠んだ。そのほか、「深雪無酒（深雪に酒無し）」という心を漢詩に託して、

山風□《（深雪時）》、寒日寄我思。
無酒□、堪悲失客衣。
(山風深雪の時、寒日に我が思いを寄せる。
酒無くして□、悲しみに堪えず客衣を失う)

と詠んでいる。

十九日、石仏からようやく米沢に到着するが、

よねさわも、そこなれは、乃瞻衡宇、載欣載奔
（すなはち衡宇《こうう》を瞻《み》、すなはち欣びすなわち奔《はし》る）

と締めくくっている。

「衡宇」の一節は、陶潜（陶淵明）の「帰去来の辞」に見えるものとされる。中国の晋時代、陶潜は彭沢《ほうたく》の県令となったが、郡の役人に束帯（正装）して面謁せよと命じられ、「どうして僅かばかりの扶持のために田舎の小者に腰を折れようか」と憤慨して、その日の内に辞職、帰郷した。「帰去来の辞」はこの時陶潜が作った文章で、六朝第一の名文と称された。

「衡宇」は冠木《かぶき》門を有する粗末な家のこととされる。米沢地方の豪農は家に冠木門を設ける風習があるとされる。したがってこの一節については、「米沢城下に近づいたために駒脚を速めた」という解釈がなされている。最末で「帰去来の辞」を意識した背景には、上杉家の新たな封地、米沢を「故郷」になぞらえた心境がうかがわれる。

また、この『道中日記』では「野談」（各地の民間伝承、俗諺《ぞくげん》など）を数多く紹介している。木曾の「寝覚めの床」では木曾義仲・巴御前の逸話が紹介されているほか、高崎新田では能化（僧）のように振る舞う呪術師の奇習に堪能し、関東から東北地方に多く見られる憑《つ》きものや呪術師に興味を示している。この呪術師を持ち前の「いたずら」心で冷やかしたり、一杯食わしたり、やりこめたりはせず「ごもっとも、ごもっとも」とうなずいているところは、慶次郎とはどこか違ってはいないか。

同じく霜月十五日の記事では、浅香の山から少し離れた所に大きな塚があることに注目している。地元の人に謂《いわ》れを尋ねたところ、

「これは石田治部少輔（三成）という人の霊を、今年の秋の初めに都から送ってこられた。この霊をしっかりと送らないと、その土地では霊が憑いて『物憑き』になる人が多くなり、何かと支障をきたすので、国々では武具を帯持して、二、三千の人が、三成の霊が成仏するようにと『地蔵送り』などをし、霊を送りつけた場所に塚を築いた。

治部少輔の霊が都を出る時は秘密裏になされていたが、次第にことが大きくなって、下野辺りでは夢にまで見られるようになった。三成の霊は人を襲い『自分をこのようにして送れ』と言い、わら人形を作り、具足、甲を着せて、太刀を佩かせ、草で馬を作らせ、金の馬鎧を前後に掛け、治部少輔と胸元に書き付けさせ……」

ということであった。三成一族の霊魂祀りという奇習を詳細に書き記しているのだ。

ところで、上杉家中で最も石田三成と親しい間柄にあったのは、直江兼続であった。兼続は、慶次郎と同様に中国古典をはじめとする文学に秀でた人物であった。「武」のみならず「文」の才をも持ち合わせた慶次郎の景勝への仕官は、他ならぬこの兼続の取り成しによるものであった。

同月十日には宇都宮に着き、旧友の庭林《ていりん》氏宅にて、酒、風呂を振る舞われている。翌十一日には、出立に際して班爛《はんらん》よき鷹と犬の子を贈られている。庭林氏は宇都宮を拠点に会津とも交易する特権商人で、慶次郎が滝川一益に従軍して上野に在陣した時、また、利家に従軍して奥羽遠征の直前に宇都宮で親交を持ったとも考えられている。さらに、会津で慶次郎が蒲生氏に仕官していた時、あるいは、蒲生氏が会津から宇都宮へ移った際に、慶次郎も一時期宇都宮に移っており、そこで庭林氏と交流を持ったという可能性を指摘する説もある（今福『前田慶次　武家文人の謎と生涯』）。

しかし、新参者の慶次郎が特権商人とすんなり親交を持ち得たかどうかは疑問の残るところである。むしろ、上杉家の領国経営にとって特権商人の存在は不可欠である点に留意すれば、景勝の下で一切を取り仕切った直江兼続と庭林氏との関係が重要であろう。仮にこの『道中日記』の筆者が慶次郎だとすれば、庭林氏との関係は、むしろ兼続の仲介なくしては成り立ち得ないのではないか。

なお、庭林氏から鷹、犬の子が贈られているが、これらは慶次郎個人に対しての贈答であったのかという疑問も出てくる。鷹は明らかに鷹狩り用のものであり、犬の子も愛玩用と考えると、慶次郎の禄では分不相応ではないか。むしろ、景勝か兼続への贈答用として、慶次郎に託されたものではなかったかと思うのだ。

また、関ケ原付近で召し使っていた高麗人が重態に陥り、米沢への同行が困難になった際、近くの菩提山城主竹中重門《たけなかしげかど》に文を送って高麗人を預かってもらっている。重門は、秀吉の軍師であった半兵衛重治の子で、幼少期に父を失い、早くから秀吉に仕えていた。和漢の学に通じ、歌道、文筆にも長じた人物で、著書では秀吉の伝記『豊鑑』が知られる。

重門も天下御免の「かぶき者」のことは見聞きしていたかもしれないし、慶次郎との親交があった可能姓はないとはいえない。しかし、直江兼続との親交の方が確実であるように思われる。むしろ、その辺の事情も書き加えられた文に託して、重態の高麗人の面倒を依頼したのではないかと考えられる。以上の点から、私は『道中日記』の作成を可能にし得る人物として、兼続の存在は無視できないと思う。

『道中日記』に対する疑問

ところで、同解題では、すでに、

「慶次自筆とする伝承は強《あなが》ち否定できないが、きめ手がないので暫《しばら》く断定を控えておきたい」

「慶次郎が啓二郎を称した確証がなく、第一自らの紀行を謹書と頭書する理由はない。若《も》しかしたら慶次ゆかりの啓二郎なる人物が、慶次以後に書写して謹上したものかもしれない」

としているが、あくまで断定を避けつつも、同書の筆者が慶次郎であるという前提で説明がなされているのである。

この解題を通して、私も同様に疑問を抱いた。すなわち、

「頭書の啓二郎は果たして本当に慶次郎本人なのか。啓二郎を慶次郎と断定し、書名を『前田慶次道中日記』とすることは可能なのか」

という疑問である。

解題では、

「箱書に『前田慶次道中日記』、箱裏書に『前田慶次、慶長六年十月城州伏見を発し、

十一月十九日奥州米沢に至る自筆の道中日記なり、咬菜記□(咬菜之朱角印)□(○庵居士)』とあり、慶次自筆本と伝えている」

とされている。

しかし、箱書を書いた年次が不明である点や、仮に慶次郎の自筆とするならば、慶次郎自身がわざわざ「自筆の道中日記なり」と書き記す必要があるのかという点に疑問を覚える。つまり、箱書は余りにも慶次郎自筆本を強調し過ぎる感が払拭できないのだ。

問題は頭書に見える「啓二郎」が慶次郎と判断され、箱が作成されて箱書が書き記された時期であるが、その点は解題には見られない。なお、同書は昭和の初めに骨董商から志賀氏の手に移った。昭和六年(一九三一)には郷土史家に注目され、自筆本と断定された。解題には骨董商が入手した経緯については全く記されていない。この辺のルートについては、出所と骨董商との信頼関係の上に成り立っていることから、今でも守秘義務に気を配らねばならない事柄とされているが、出所の解明が「謹書　啓二郎」の真相を明かす鍵になる可能性は否定できない。箱書についても、あるいは昭和初年という可能性も出てくるのではないか。

また、解題によれば奥書も見られないという。自筆本であるなら、奥書に慶次郎自身による、この見聞記をまとめ上げた時期、感想などについての何らかの記事、ないしは慶次郎にゆかりの深い人物の揮毫《きごう》などがあっても不思議ではないのではなかろうか。

解題では「啓二郎」について「慶次は慶次郎とも称しているが、啓二郎と称した確証がなく、第一自らの紀行を謹書と頭書する理由はない」としている。また「慶次没後に、慶次ゆかりの『啓二郎』なる人物が書写して謹上したものかも知れない」としている。確かに、その可能性が高い。あるいは、浄書をした人物は、慶次郎を憚って自身の名を記さず、あえて頭書で「啓二郎」と署名したのではないのか。つまり、「啓二郎」と「慶次郎」とは別人であったのではないか。

したがって、私は同書を慶次郎の自筆本と断定することには、箱書の記事が不自然であることから、どちらかというと否定的に見ている。それに、慶次郎という「かぶき」の御仁の自筆本にしては、余りにも内容がおとなし過ぎないかと思うのだ。

以上の点から、同書を慶次郎の自筆本と短絡的に断定することはできないと思うのだ。同時に現存する『道中日記』を浄書本とすれば、元になった原『見聞記』が存在したはずだが、これ自体についても、慶次郎自身が筆者であったという確証はない。慶次郎が原『見聞記』を書いたと仮定すれば、この『道中日記』は頭書に「謹書」と見えることから、原『見聞記』の内容を推敲した浄書本であり、慶次郎に最も関係の深い直江兼続ないし上杉景勝に上呈された可能性が高いのではないかとも思われる。

また、内容の点から、原『見聞記』についても、慶次郎が執筆したと短絡的に断定できない点に留意すれば、むしろ兼続、ないしはその従者で、慶次郎と同じように文才にも秀でた者（無論、広い意味では慶次郎も含まれるのだろうが）によって、この『道中日記』の原本が執筆された可能性もあり得るのではないかと思うのだ。とまれ、同書の名称に関して、私は現段階では『伝前田慶次道中日記』と考えておきたい。

『文殊堂詩歌百首』に見える慶次郎

亀岡文殊堂（山形県高畠町）は日本三文殊の一つで、学問をつかさどる文殊菩薩を祀る。別当寺の松高山大聖寺には『文殊堂詩歌百首』と称される短冊帳が所蔵されている。序文から、慶長七年（一六〇二）二月二十七日に兼続が上杉家臣二十余人と共に、同文殊堂にて漢詩三十三首、和歌六十七首の都合百首を賦したとされる（花ヶ崎『直江兼続のすべて』）。

慶次郎は和歌の衆として、八王子民部富隆、蔵田惣左衛門忠広、称念寺隠（居脱カ）其阿、千坂対馬守、大国但馬守実頼（直江兼続の弟）と共に五首詠んでいる。すなわち、

樵路躑躅《しょうろつつじ》
山柴に岩根のつつじかりこめて　花をきこりの負い帰る道
夏月
夏の夜の明やすき月は明のこり　巻をままなるこまの戸の内
閨上叢《くさむら》
ねやの戸はあとも枕も風ふれて　あられよこぎり夜や更ぬらん
暮鷹狩
山陰のくるる片野の鷹人は　かへさもさらに袖のしら雪
船過江
吹く風に入江の小舟漕きえて　かねの音のみ夕波の上

と見え（今福『前田慶次』）、慶次郎の花鳥風月の嗜好の一端がうかがわれる。

慶長七年の「詩歌百首」奉納以後、米沢での慶次郎の足跡をうかがわせるものは見られない。確かに、同地には慶次郎のゆかりの品々が数多く残されているが、そのことが、慶次郎が慶長七年以降も同地に滞在したということにはならないだろう。

なお、後世の『本朝武芸百人一首』にも、

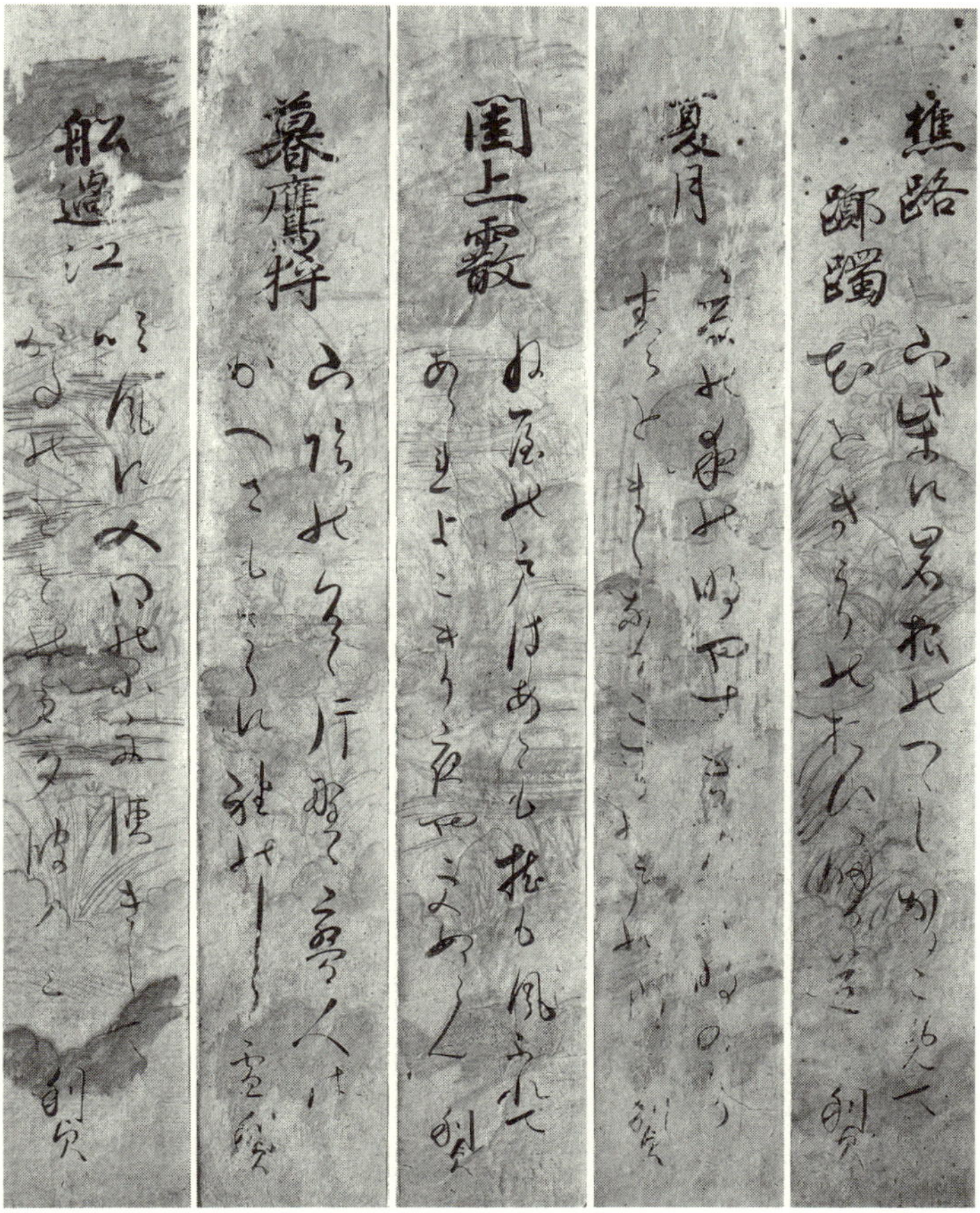

慶次郎（利貞）が歌会で詠んだ五首（山形県高畠町亀岡文殊堂蔵・〔株〕川島印刷提供）

亀岡文殊堂（山形県高畠町提供）

梅の花酒かなひとつ壷のうち　匂ふとみれば花の
　奇特に

などの和歌があるとされる（今福『前田慶次』）。また、兼続と慶次郎の両人が評を加えた宋版の『史記』が上杉氏の学校（藩校興穣館）に残されているとされるが（『武将言行録』）、異説もある。

九、慶長九年「豊国臨時祭」

再び京へ

それならば、慶次郎はいったいどこに行ったのだろうか。私は秀吉が慶次郎の「かぶき」を終生にわたり天下御免とした点を、改めて重視したいのだ。慶次郎が天下御免の「かぶき者」である以上、けっして米沢には留まってはならない宿命を、亡き秀吉から無言のうちに背負わされていたのではないか。米沢に留まるということは、秀吉の厳命を反古《ほご》にし、「かぶき者」であることを放棄することである。慶次郎にとって、「かぶき者」でなくなることは、すなわち死を意味するのだ。

老境に入った慶次郎であったが、天下御免の「かぶき者」であることを忘れたわけではない。衰えゆく肉体とは裏腹に研ぎすまされた感性が、慶次郎を米沢から京へと再び向かわせたのではないか。

秀吉の七回忌の臨時祭として執り行われた、慶長九年（一六〇四）の「豊国祭」こそが、天下御免の「かぶき者」として、慶次郎最後の「ハレ」の場になったに違いない。天下御免で勝手気ままに誰憚ることなく「傾く」ことのできる最後の機会であり、そうすることが秀吉を追悼するとともに、秀吉に対する恩義を返すことにもなるのだと確信したに違いないのだ。

「直江版」出版と慶次郎

　ところで、慶次郎が上洛したからといって、慶次郎と米沢との関係が全く切れたことにはならなかったのではないか。学問を通した慶次郎と直江兼続の関係は、慶長七年（一六〇二）以後も依然続いていたはずである。

　周知の通り、兼続は若い頃から中国古典を中心とする典籍に関心を持っていた。すでに天正十六年（一五八八）には『古文真宝後集』の注釈本である『古文真宝後集抄』二十一冊を京都妙心寺の南化《なんか》和尚（一五三八～一六〇四）から借り受け、一ヶ月という短期間で書写させ、写本の巻頭に序を加えている。兼続と南化の親交はその後深まり、文禄四年（一五九五）十二月、兼続が南化の秘蔵する僧万里筆写『前漢書』の筆写を企てたため、兼続の志の深さに感激し、南化は同書を兼続に贈呈した。

直江版『文選』（市立米沢図書館蔵）

　また、朝鮮出兵時に、兼続は肥前名護屋に在陣していた二ヶ月の間に、医学書『済世救方《せいせいきゅうほう》』三百巻を書写させている。上杉軍が朝鮮に渡航した際には、家臣らの略奪を厳しく戒める一方、兵火で失われようとしていた書物の蒐集《しゅうしゅう》を命じて、日本に持ち帰ったと伝えられる。

そのほか、宋版の『史記』『漢書』『後漢書』などの兼続の蔵書も南化から伝えられたものであり、これらが「禅林文庫」の基礎文献として、後の米沢藩の学問所、藩校「興譲館」に引き継がれていったことが知られる。

なお、兼続は『文選《もんぜん》』六十巻、三十一冊を京都の要法寺《ようほうじ》(京都市左京区法皇寺町)の活字で印刷させている(直江版『文選』)。同書巻末の刊記には「慶長丁未沽洗上旬八蓂　板行畢」とあり、慶長十二年(一六〇七)三月八日に印刷を完了したとされる。また、直江版には、ほかに『論語』十巻、『春秋左史伝』などがあったとされる(花ヶ前『直江兼続のすべて』ほか)。

以上の点から、兼続にとって、自身の学問に理解を示してくれる同好の士でもあった慶次郎を京都に置くことにより、漢書に関する情報、蒐集、刊行などにその適性を活用したのではないかと思われる。このように考えてみると、慶次郎もまた妙心寺の南化和尚と親交があった

妙心寺(京都市右京区)

点は改めて注目されよう。

なお、慶次郎と妙心寺との関係については、すでに滝川一益が秀吉の怒りをかって出家した際に同寺に入っていることから、滝川氏と妙心寺との繋がりもその背景にあったことがうかがわれる。

また、直江版『文選』の印刷完了が慶長十二年三月という点に留意すれば、直江兼続を介して慶次郎は要法寺の十五世日性とも何らかの関わりを持っていたのではないか。直江版の印刷事業の契機に文学の素養のあった慶次郎が関わった可能性も十分に考えられるのだ。

「隠遁者」利政

さらに、慶次郎と京との関わりを語る上で欠かせない人物が、もう一人浮上してくる。前田利政である。利政は利家の二男で、利長の弟に当たる。慶次郎にとっては義理の従弟に当たる。幼名は「又若」（又左衛門の若様との意）、兄利長に比べ生来ヤンチャな性格であったが、利家は自身の子供時代と重ね合わせて可愛がった。秀吉政権下では能登一国の国主の立場にあった。

父利家の死亡直前に家康暗殺計画が持ち上がった際、急先鋒として動いたが、父の死後、露見を恐れて髻を切り、一時は京の郊外、嵯峨野《さがの》に隠棲した。関ケ原合戦に際して、当初は兄に従い、徳川方として加賀大聖寺城攻略戦に従軍した。ところが、以後病気と称して静観を決め込み、不戦の立場を取った。その心底はあくまで反徳川であった。家康はこれを咎めて改易処分とし、所領であった能登一国を没収して兄利長に与えた。

以後、利政は牢人して京に赴き、二条地獄の辻に居住、名を宗西、あるいは宗悦と改め、隠遁生活を送った。大坂の陣に際して、家康が土井利勝を通して利政に出陣を要請したので、快く承知した。家康の御前で、

「これまで仕えていた家来どもは只今は兄利長に付けており、これを用いれば人数に不足はござらぬゆえ、我らにお先手を仰せ付け下されば出馬致しましょう」

と訴えた。これに対して、

「先手は藤堂和泉守（高虎）、井伊兵部大輔（直孝）に命じたから、今になってこれを差し替えるということは難しい。本陣に出馬するように」

との家康の仰せであった。すると、

「お先手を仰せ付けられるのであるなら出馬致しましょ

前田利政画像
（金沢市前田土佐守家資料館蔵）

うが、そうでなければ、我らの出馬は御用捨願いたい」
として、出陣しなかったとのことであった。
また、大坂の陣後、家康が、
「淀の城をその方に預け置きたいので、出頭するように」
と仰せ下された。利政は、
「忝き思し召し。ただ、我らはこれまで国主であり、いずかたにても国主格の席にござ
いました。淀の城を預かるということは一つ格下の城主の格になるということ。国主の
次の格となることは迷惑でございます。いずれかの国主に仰せ付け下さるのであれば、
出仕し勤めを果たそうと思います」
と言上し、ついに出頭することはなかったという(『前田土佐守家覚書』)。
これらの話を見ていくと、戦後の利政は牢人の身であったが、かつての能登国主とし
てのプライドを頑なに守りながら、家康と堂々と張りあい、その返答に彼なりの「かぶき」
を反映しているといえる。
利政は正室に蒲生氏郷の娘を迎えたが、家の女房などを生母に、一男六女の子供が誕
生した。同家覚書の系図では上六人が女子で、末子が男子で直之《なおゆき》と称した。利政は長女(実
名は不詳、法名は覚芳)を京の豪商、与右衛門に嫁がせた。婚礼を済ませたことを聞いた

利長は、

「武家の娘を商家に嫁がせるとは何事か。分不相応ではないか。残りの子供たちを金沢に引き取りたい」

と、母芳春院に相談し、京から金沢へ引越させた。のちに二女は四辻大納言公理の、三女は竹屋中納言光久の夫人となっている。おそらく、二人の娘たちはかなり成長した年齢に達しており、京の生活が身に付いていたから、利政と相談の上で、京の公家衆に嫁がせたものと思われる。

なお四女から六女及び一男は未だ幼かったことから、上の二人と違い武家の子として養育がなされたものと思われ、四女は岡島孝次、五女は神谷長治、六女は奥野主馬《しゅめ》というように加賀藩の重臣たちの夫人となった（同）。

また、男子の直之（慶長九・一六〇四年誕生）は芳春院の庇護を受けて成長するに従い、祖父利家、父利政のＤＮＡを受け継ぎ、何かとお騒がせな「かぶき」的な素行も見せるようになった。後に藩主利常や重臣本多政重らを悩ますことも多々あったが、子孫は一万石を拝領し、加賀藩藩老八家の筆頭前田土佐守家として藩政を支えた。

利政と角倉家

利政が二条地獄の辻（現京都市上京区今出川通七本松東入）で隠遁生活に入ったのは、関ケ原合戦後の慶長五年（一六〇〇）末から翌六年（一六〇一）の頃かと思われるが、それ以前から前田家と角倉《すみのくら》家との関係、親交があったこと、利政の京での生活を角倉家が支えたことは十分考えられる。

角倉家の祖巌秀は近江源氏佐々木氏の流れを汲み、吉田の郷（滋賀県豊郷町）を領して吉田氏を称した。その後、十代徳春が上洛して室町幕府に仕え、嵯峨に定住した。この徳春が角倉家の家祖とされ、二代宗臨以来、同地で土倉・酒屋を家業とし、倉の名称「角倉」を氏としたとされる。三代宗忠以降に飛躍的発展を遂げた。宗忠の孫栄可と、その従弟で娘婿でもある了以は、安南《あんなん》国（現在のベトナム）との朱印船貿易に従事した。了以・玄之（素庵）父子は大堰川、富士川、高瀬川などの開鑿《かいさく》にも尽力した。

角倉素庵木像
（京都市瑞泉寺蔵）

さらに、素庵は本阿弥光悦《ほんあみこうえつ》らの協力を得て、「嵯峨本」の出版事業として和漢の古典復刻を手がけるといった社会文化に貢献した。「嵯峨本」は線描版画の挿図をともなう『伊勢物語』『三十六歌仙』『二十四孝』と、彩色変わりの版画下絵の料紙に書かれ、豊かな美術性を有する『方丈記』『徒然草』『観世流謡本』などが知られる。

その子玄紀は近江の代官、淀川過書船支配を務めた。玄紀の夫人こそ利政の娘であったが、実は玄紀の前妻(万屋宗斎の娘、法名は花屋妙光)は元和六年(一六二〇)六月に死去し、利政の娘が後妻として輿入《こしい》れしたとされる。前述の前田土佐守家の伝承では利政の兄利長が、娘を商家に嫁がせたことには批判的であったが、利長が死去したのは慶長十九年(一六一四)五月のことであるから、時期的にずれがある。

なお、利政の号「宗悦」は、本阿弥光悦を敬慕するあまり光悦の「悦」を名乗ったものではないか。また、利政の娘と玄紀との婚約を媒酌《ばいしゃく》したのも光悦と考えられえている(林屋『角倉素庵』)。

利政は角倉了以・素庵・玄紀の三代を通して経済的援助を受けるとともに、素庵と親交のあった本阿弥光悦および二女、三女の嫁ぎ先である四辻、竹屋といった公家衆との文化的接触を持っていた。

なお、年未詳六月十二日付の、加賀にあった子息直之宛の利政書状(『前田土佐守家文書』)には、仍《よ》って爰元《ここもと》祝言について、宰相様《（利光）》より、御念を入れなさせられ、金子ならびに色々見事に候御道具とも、御意を懸けられ、誠にもって御心を懸けられ、御念比《ねんごろ》の儀、忝く存じ奉り候

と見える。利政の娘の祝言に際して、加賀藩主利光（のちの利常）が金子、輿入れ道具を贈っていたことが知られる。利光が宰相（参議）に任官するのは、元和元年（一六一五）閏六月のことであるから、同書は翌二年（一六一六）以降のものと考えられる。

また、利政二女の嫁ぎ先である四辻家は、鎌倉期に西園寺公経《きんつね》の子実藤《さねふじ》が創立したものである。夫の公理は季継《すえつぐ》の子で、『慶安手鑑』にも筆跡が収載されている。なお、公理の叔母は上杉景勝の側室桂岩院で、米沢二代藩主定勝の生母でもあった。

三女の嫁ぎ先である竹屋家は広橋仲光の子兼俊が創立したもので、夫の光久は竹屋光長（実は広橋総光）の子とされる。両家とも、大納言、中納言の官職に叙任されていることから、摂関家に准じる「清華」の家格に相当するものと思われる。

一方、本阿弥家も京の有力町衆の一つ、熱心な法華信徒で、刀剣の研磨、浄拭、鑑定を家業とし、すでに利家との関係を有していた。同家は光悦の父光二以来、前田家から扶持を拝領し、前田家と深く関わっていたことも見られる（中野『本阿弥行状記』）。天正

十三年（一五八五）二月には、父光二が研磨した刀剣と土産を携えた光悦が金沢の利家のもとを訪れたが、生憎利家が出陣中で留守であったことから、冨田治部左衛門（重政）に取り次ぎを依頼する書状が残されている（小松『光悦書状』）。この時期、利家は越中の佐々成政と交戦中で、蓮沼攻略を策して多忙であった。しかし、京よりわざわざ来訪した光悦に利家が面会したことは十分考えられる。また、この時に慶次郎と光悦との接触の可能性も否めない。

光悦は能書家として、近衛信尹《このえのぶただ》・松花堂昭乗《しょうかどうしょうじょう》と共に「寛永の三筆」と称された。角倉素庵に協力して、「嵯峨本」の出版事業を手伝ったことは有名だが、実は慶次郎の子安大夫正虎は光悦に草書を学んでいる（『加賀藩史料』編外備考）。茶道は古田織部に師事。織部自刃の後、家康から鷹ヶ峰を拝領し、同地で作陶、蒔絵などの芸術活動に入った。

利政と慶次郎

改易、所領没収といった処分を受け、武家として全てを失い牢人となった利政の居直りが、自身を傾かせたともいえる。その点で、関ケ原の敗戦、主家上杉家の米沢転封という空虚感にさいなまれていた慶次郎と共通するものがあるのではないか。

なお、利政の兄利長と慶次郎とのソリは合わない。関ケ原合戦の論功行賞で加賀・越中・能登三ヶ国、百二十万石の太守となった利長であったが、依然として「豊臣恩顧」の意思は強い。利長の動き如何によっては、再び豊臣対徳川の動乱が勃発する危険性をはらんでいた。家康は孫娘珠姫を利長の異母弟利光（利常）に輿入れさせる一方、利長の母芳春院を依然として人質として江戸に留め置き、利長の動きを牽制していた。

利長は慶長六年（一六〇一）八月十七日、翌七年（一六〇二）七月十二日には京に赴き、豊国社に参拝しているほか（『梵舜日記《ぼんしゅんにっき》』）、金沢・卯《う》辰山《たつやま》に豊国社を勧請《かんじょう》、創建しており、秀吉に対する追悼の念が如何に強かったかをうかがわせる。

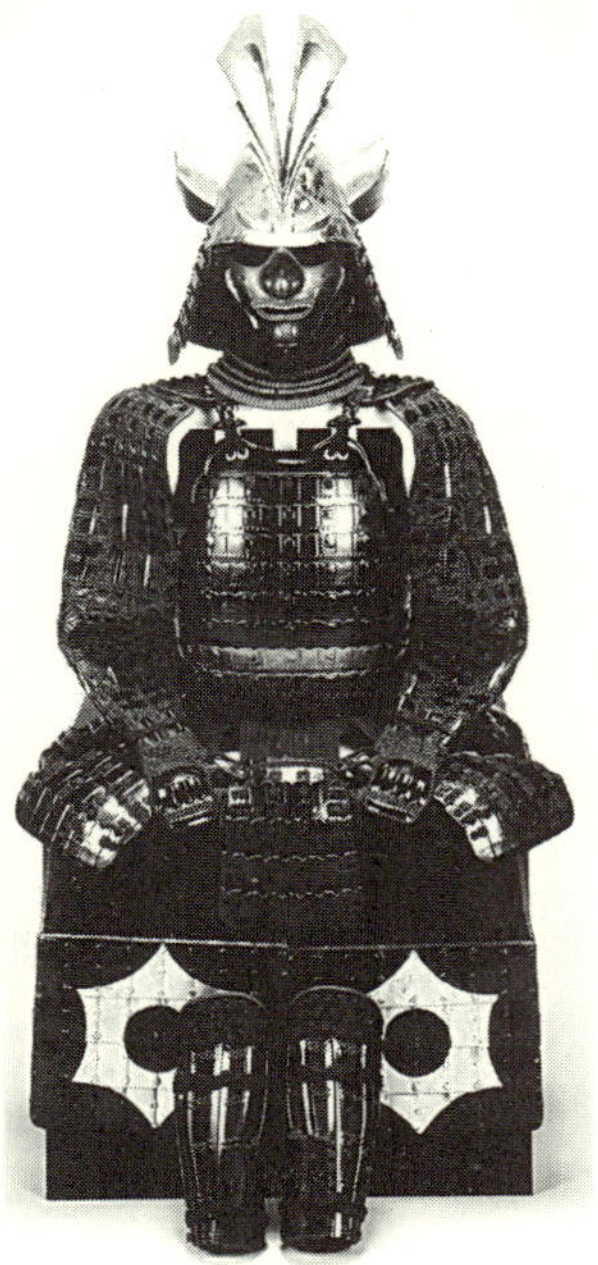

前田利政所用具足
（前田土佐守家資料館蔵）

前田の「家」存亡の舵《かじ》取《と》りを担っていた利長としては、前田家周辺でのキナ臭い問題はなるべく起こしてもらいたくない心境であった。無論、天下御免の「かぶき者」慶次郎の行動も、場合によっては「家」存亡に深刻に影響する問題であった。この問題ゆえに、父利家がいやというほど辛酸をなめたことを、利長も忘れてはいなかったはずだ。京都の「豊国臨時祭」で天下御免の「かぶき」を如何に披露するか、慶次郎が思案する時、利政の存在は不可欠なものとなったはずだ。

乱舞に長じた慶次郎と、利政—角倉家—本阿弥光悦という人脈が、「豊国臨時祭」での「かぶき」を成功させる鍵を握っていたと考えることも可能ではないだろうか。豪商角倉家の豊かな経済力と京の町衆の動員力、そこに光悦が持つ芸術性が加われば、慶次郎の「かぶき」にとっては必要不可欠な要素に成り得たことだろう。

慶長九年「豊国臨時祭」

慶長三年(一五九八)八月十八日、秀吉は伏見城で死去したが、その死は翌四年(一五九九)まで極秘とされた。同年四月阿弥陀ヶ峰に霊が祀られる一方、山麓には秘密裏に豊国神社が創建された。朝廷は秀吉に「豊国大明神」の神号と正一位の神位を贈った。以後、秀吉の命日に当たる八月十八日を中心に豊国祭が挙行された。

特に秀吉の七回忌に当たる慶長九年(一六〇四)の八月十二日から十八日までの祭礼は盛大に挙行された。この時の様子は『豊国大明神祭礼記』に記されているほか、狩野内

豊国祭礼図屏風(豊国神社蔵)

膳重郷の手になる六曲一双の「豊国祭礼図屏風」に見ることができる。

同十五日、待望の風流《ふりゅう》踊りが上京・下京の町組から繰り出した。上京の踊りと群衆は内裏に押しかけた後、豊国社に練り込み、下京方の踊りは逆に豊国社で披露の後、禁中に推参した。紫宸殿《ししんでん》には踊り好きの公家衆も詰めかけ、天皇、女院《にょいん》もこれを観覧された（『言経卿記《ときつねきょうき》』）。

なお、踊りの集団は一組が約百人で、上京は三組で三百人、下京は二組で二百人が踊りを競った。『豊国大明神臨時祭日記』には「花都《はなやか》なる出で立ちにて、太鼓にかかり、平等大会《だいえ》と打ち鳴らし、飛ツ駁《はね》つ、踊り上り飛び上り、拍子を合わせて乱拍子、上求菩提《じょうぐぼだい》と踏み鳴らし」と見えている（守屋『京の芸能』）。

「豊国祭図屏風」の左双には、八月十五日の方広寺大仏殿の門前通りで行われた豊国踊りの大群舞が見られ、上京、下京の各町組から繰り出し、華麗な衣裳、趣向を凝らした五百人が鼓《つづみ》、笛、太鼓に合わせて幾重もの円形になって乱舞している。また、同十六日に同寺境内でなされた施餓鬼《せがき》の様子も見られる。

右双では八月十四日の、二百人の神官や楽人による騎馬行列が豊国社の総門から北へ延びる築地沿いに展開され、総門と楼門の間では猿楽四座による新儀能が、楼門と石段の間では田楽が奉納され、桟敷《さじき》も設けられ、多くの見物客で賑わっている様子が見える

（『秀吉と京都・豊国神社社宝展』図録）。

また、この「豊国祭」の経緯、模様などについて、『徳川実紀』第一篇には、

○八月十三日。この日、雨により豊国の社臨時祭を延らる（『舜旧記』）。

○同十四日。この日、京には豊国の社臨時祭あり。豊臣太閤七年周忌の故とぞ。一番幣帛《へいはく》。左右に榊。狩衣の徒これをもつ。次に供奉《ぐぶ》百人。浄衣風折。二番豊国の巫祝《かんなぎはふり》六十二人。吉田の巫祝三十八人。上賀茂神人八十五人。伶人十五人。合て騎馬二百騎。建仁寺の門前より二行に立ならび。豊国の大鳥居より清閑寺の大路を西へ。照高院の前にて下馬す。三番田楽三十人。四番猿楽四座。次に吉田二位兼見卿。慶鶴丸。左兵衛佐兼治仕ふまつる。猿楽二番終る時、大坂より使あり。豊国大門にて猿楽一座に孔方百貫づつ施行せらる（『当代記』『舜旧記』）。

○同十五日。京には豊国社臨時祭行はる。上京・下京の市人風流踊の者、金銀の花をかざり。百人を一隊として笠鉾一本づつ。次に大仏殿前にて乞丐《こつじき》に二千疋施行。次に騎馬の料に千貫づつ施行し。片桐市正且元《いちのかみかつもと》奉行す。伏見の仰によりて神龍院梵舜出て神事をつとむ（『舜旧記』）。

○同十六日。片桐市正且元、神龍院梵舜、伏見城にのぼり。臨時祭の事聞えあぐる。

御けしきことにうるはし(『舜旧記』)。

とあり、同祭の賑わいをうかがわせる。同祭の運営は片桐且元が奉行を務めたほか、豊国社の社僧であった神龍院梵舜もこれに参画している。なお、十六日には且元と梵舜が伏見城に登城し、同祭の模様などを在城していた家康に報告したが、家康も感慨の思いしきりであった。

関ケ原合戦で勝利をおさめた家康が将軍宣下を受け、江戸に幕府を開設したのは前年のことであったが、世上は依然として不安定な状況にあったため、人心の収攬《しゅうらん》が不可欠な時期であった。このような情勢下にあって、太閤秀吉の七周忌に当たるこの年の「豊国祭」は家康にとって格好のチャンスとなったはずである。

天下統一を成し遂げた亡き太閤秀吉を偲ぶとともに、追悼の情を市井の庶民にも共有させ、その恩義を意識させることで、現実の中に根強く残る「かぶき者」が持つ反体制的な思考を根絶させる。そのための場として「かぶき」の全風俗をこのフェスティバルに投影させることこそ、家康の政治的なねらいであったのだ。

『梵舜日記』などによれば、豊国臨時祭の準備はすでに五月頃から始まったとされ、前年に将軍宣下を受けたばかりの家康と大坂の豊臣家との合意のもとに両者の手で進められた。関ケ原合戦から四年を経たものの、両者の関係は微妙で、徳川・豊臣両家にはそれぞれに秘められた思惑があったと考えられている。

同時に、祭礼の主演者たち＝町衆・市民たちは、はたして心から秀吉追悼の念を抱いて祭礼に参加したというよりはむしろ、日ごとに強まる関東（江戸幕府）の京都支配に対する反感を太閤追慕という形を借りて一挙に爆発させたのだろうと考えられている。また、前年に出雲の阿国《おくに》の「かぶき踊り」に喝采を送った人々と、臨時祭礼に狂気乱舞した人々とに共通した心情であったことだろう。世上は、太平の世の訪れを謳歌するにはまだまだ複雑な側面を有していたとされる（以下、守屋『日本中世の視座―風流・ばさら・かぶき―』ほか）。

洛中洛外図屏風に見える「かぶき踊り」
（妙法寺蔵・京都国立博物館提供）

ところで、「かぶき踊り」については、『慶長見聞録案紙』の慶長八年八月条には、

「今年春より『女かぶき』が諸国に下ったが、これはお国と申す大夫である。出雲の者で、佐渡へ渡り、京へ出て踊り初めて、諸人がこれを見物した。次第

に盛んになって、諸国に『女かぶき』が見られるようになり、江戸へも名人が来るようになったが、大納言様（秀忠）は一度も御覧になることはなかった」と見える。

『当代記』には、

「阿国は異風な男に扮し、差した刀や脇指、あるいは衣裳なども異相である。男が茶屋の女と戯れる様子を見事に演じた」

と見える。派手なトップ・モードで京中を闊歩《かっぽ》する無頼漢「かぶき者」と茶屋での風俗模様を大胆に演じた芸能であったとされる（守屋『京の芸能』）。

歌舞伎発祥地の石碑
（京都市四条川端）

なお、「豊国祭礼図屏風」左双、方広寺門前での上京・下京の組々の風流踊りを、山門前で多くの人々に混じって、傘を差されて見入る一人の高貴な尼の姿こそ、秀吉と共に人生を歩み、彼を天下人に押し上げた高台院（おね）ではなかったか。そのように考えると、「豊国祭」が秀吉の七周忌の臨時祭であり、豊臣家がこの祭礼の主催者であったことに改めて納得がいく。

当然、同祭の運営に関わる費用の大部分が主催者である豊臣家の負担となった。豊臣家の莫大な出費は、同家の経済的基盤を揺るがせるにも有効であった。それも家康のねらいであったに違いない。

臨時祭礼の実行者で、秀吉の継承者たらんと家康の政治的地位の向上を目論む徳川家と、主催者であり秀吉への追悼行事を通して関ケ原合戦後に失墜した権力を回復せんとした豊臣家の思惑、さらに主演者である京の町衆の権力者への不満。それぞれの参加意識の違いというアンバランスこそ、「かぶき者」にとって最も活発に活動し得る土壌を形成し得たのではないか。そのような世相、時代背景の中にこそ、慶次郎にとって最後の「かぶき」を開花し得る可能性があったのではないかと考えたい。この時期、慶次郎が米沢在住ではなく、在京し得る、否、在京しなければならない条件は十分に存在しているのだ。

出雲の阿国銅像
（京都市四条川端）

慶次郎が「豊国祭」に具体的にどのように関わったか、文献や屏風を見る限りでは不明な点も多い。しかし、天下御免の「かぶき」者としての慶次郎の知名度は依然衰えてはいなかったであろう。「豊国祭」での風流踊りの衣裳のデザイン、所作の指導をはじめ、新儀能の脚本作りなど、慶次郎の天下御免の「かぶき」を発揮し得るジャンルは、各方面に存在したのではないか。影のコーディネーター、あるいはマネージャーといった立場で動き得たのではないかと思う。

史料的な裏付けがなされないのは、「豊国祭」が、反体制の風潮を削ぎ、人心の収攬を目論んだ家康主導の政治的なフェスタであったことから、「かぶき者」慶次郎の名が記録に留まることはなかったためではないか。

慶長八年(一六〇三)江戸に幕府を開設した家康であったが、政局は未だ安定せず、伏見城に在城する期間が続いている。当然、京の朝廷や大坂の豊臣家との折衝がなされているから、諸国の大名衆の上洛、上坂も頻繁に行われ、旧来の慶次郎の「かぶき」や教養を介した横の繋がりも大いに構築されたのではないか。慶次郎の交際範囲は、「豊国祭」を機に武家に留まらず、公家、僧侶・神官、京の町衆にも及んでいたのではないか。だがその分、一層尖鋭化した「かぶき者」としての思考やライフ・スタイルからトラブルも絶えなかったことだろう。

十、「いたずら者」慶次郎

一、「かぶき」者たちの系譜

「かぶき」「かぶき者」とは何か

慶次郎の人物像をめぐっては、多くの史書には変人、奇人などと見られるが、当時の一般的な呼称である「かぶき者」に該当するものと思われる。

「かぶき」とは何か。「かぶき」は「傾《かぶ》く」という自動詞の名詞形を指す。「傾く」の意味としては「①かたむく。頭をかたむける。②物の軽重を量り、傾きかたをみる。③茶を風味して、その質を判断し、または品評する。④物事を推量する。⑤急速に応答する。⑥ふざける。放縦《ほうしょう》なことをする。好色である。⑦歌舞伎をする」と見える。

また、「かぶき」は「歌舞伎」とも見え、天正期に流行した俗語「カブク」の連用形で、「①異常な放埓《ほうらつ》をすること。ふざけた振舞。異様な風俗。②歌舞伎踊、歌舞伎劇の略」とある。さらに「傾奇者」(歌舞伎者)については、「異様な風体をして、大道を横行する者。軽佻《けいちょう》浮薄《ふはく》な遊侠者。伊達者」とある(以上、『広辞苑』第二版)。

また、「①並はずれて華美な風態をしたり、異様な言動をする者。遊侠の徒や伊達者。『慶長年録』「大島逸平と申すかぶき者ありて召捕はる」。②華美軽薄な好色の者。『仮名草子』『可笑記』三「其の女の父母、けんどん邪心の胴慾人か、又はかぶき者にていんよく《（淫欲）》にふける人か」。③歌舞を演奏するもの。踊り子。④歌舞伎役者。また、歌舞伎社会の者。芝居者」と見える(『日本国語大辞典』縮刷版　第三巻より抜粋)。

一般に「かぶき」は本来、常軌を逸した精神、思考、さらに行為をともなう風俗現象の総体と考えられ、「かぶき者」や、のちの「徒者《いたずらもの》」はその体現者を指すと捉えられている。「かぶき者」は容姿、服装、所持品など、奇抜なファッションや、それにともなう所作を通して、異様な風体で市井を横行する無頼の徒となり、時には意外性、サプライズを強調して常態とは違う特別な行為を自ら肯定する。

そのためのアイデア作りも必要であったから、「かぶき者」の中には慶次郎のように和歌・連歌・漢詩などの文学や、能、舞踊、器楽など芸能方面に眼を向ける者もあり、芸術家としての側面も有する者も現れた。時には、反体制的な側面を精神、思考に忍ばせながら、旧来の倫理、世界観を打ち壊すための行為を実行するといったライフ・スタイルを実践する者も現れた(『国史大辞典』第三巻　守屋毅「かぶき」「かぶき者」の項などを参照)。

その背景には、相次ぐ合戦や天災などによる旧秩序の崩壊を機とする、明日をも知れない不安定な生活、大量の牢人衆の出現など、戦国乱世が有する特殊な社会状況という現実に対する挑戦、現状の打破を志向する精神、思考＝「下剋上」の思潮が底流にあったといえる。反体制的側面を有する「かぶき者」が新世界を実現するための一条件になり得たのだ。

「下剋上」と戦国大名の出現

すでに応仁の乱以降、一世紀に及ぶ戦国乱世の過程を経て、旧来の将軍—管領—守護大名—守護代—国人・土豪という支配システムは崩壊の一途を辿り、やがて地方政権の代表者として戦国大名が出現した。その背景には、応仁の乱以前から社会の底流にあった「下剋上」の風潮があった。

戦国大名の成立過程には、まず、常陸の佐竹氏、甲斐の武田氏、駿河の今川氏、南近江の六角氏、九州の大友氏、島津氏など、地方の守護大名が「下剋上」を恐れて、新たな支配システムを導入して台頭する下部勢力を抑え、乱世に耐え得るよう領国支配を安定させていくコース（「上剋下」）があった。また、関東の北条氏、越後の長尾氏（のちの上杉氏）、越前の朝倉氏、北近江の浅井氏、山陰の尼子氏、山陽の毛利氏、四国の長宗我部氏、九州の竜造寺氏、相良氏などのように、守護大名の権力を奪取、継承して戦国大名の道を歩む「下剋上」のコースもあった。尾張の、三河の徳川家康もこのコースを辿り成長を遂げていった。

「下剋上」という風潮の原点には、「反体制」という考え方があったが、戦国大名は大義として反「下剋上」の路線を取る前者、「下剋上」を肯定的に推進していく後者に分類される。いずれにとっても「下剋上」の風潮は無視できない問題をはらんでいた。旧体制を崩壊させる「下剋上」自体が「かぶき」行為であり、具体的現象に他ならないという見方も可能であろう。

なお、無頼の風体こそが「下剋上」の世相を生み出した新しいトップ・モードといえなくもないと同時に、「下剋上」という歴史の動向を権力争奪の局面に矮小化《わいしょうか》すべきではなく、文化、芸能、風俗のあらゆる分野における著しい現象であったことに注意を喚起すべきであるという提唱もなされている(守屋『日本中世の視座—風流・ばさら・かぶき—』)。「下剋上」の風潮にとって、それを直接的に体現した「かぶき者」の存在は不可欠であった。数ある戦国大名の中でも、「かぶき者」の立場を貫いた人物としては、「大うつけ」と称された織田信長が知られる。また、信長の跡を継承した豊臣秀吉、秀吉のかつての同僚前田利家、東北の覇者伊達政宗などに「かぶき者」の片鱗《へんりん》を見ることができる。以下、慶次郎の「かぶき」を知るために、今しばらく同時代を生きた信長と利家の「かぶき」を見ていくこととしよう。

二、信長の「かぶき」

「大うつけ」信長

信長の「かぶき」ぶりは、一言でいうなら、有名な「大うつけ」という言葉に集約される。『信長公記』首巻には、次のように見える。

十六歳から十八歳の頃の信長は、朝夕は馬の稽古をし、三月から九月までは川に入り、水練も達者であった。竹槍の試合を見て、

「兎角《とかく》、槍は短くては不利である。長さ三間ないし三間半の長柄にせよ」

と命じた。服装は、明衣(湯帷子《ゆかたびら》)を片肌脱ぎに着、半袴に火打ち袋のほか数多くのものをぶら下げ、髪は茶せんに紅糸《くれない》、萌黄糸《もえぎ》で巻いて結わえていた。太刀は朱色の鞘のものを差し、家臣らに朱色の武具を着用するように命じていた。(中略)市川大介を召し寄せて弓の稽古を、橋本一巴を師匠にして鉄砲の稽古をし、平田三位をしばしば招いて兵法

の指南を受けたほか、鷹野（鷹狩り）をするなど武芸には熱心であった。

ところで、信長には見苦しい点があった。町を通る時には、人目をも憚らず、栗、柿はいうまでもなく、瓜をかぶり食い、町中では立ちながら餅を食い、いつも人に寄りかかり、人の肩にぶら下がりながら歩いていた。その頃、世間では織田家の御曹司《おんぞうし》であるならば上品に振る舞うことが求められていたから、信長のことを「大うつけ」と呼ぶほかなかったという。

また、天文二十年（一五五一）三月三日、信長の父備後守信秀が四十二歳で死去した。万松寺で盛大な葬儀がなされた。この時、信長も焼香に訪れたが、長柄の太刀、三五縄《みごなわ》（稲穂の芯でなった縄）を巻いた脇指を差し、髪は茶せんに巻き立て、袴も着けずに仏前に御出でになり、抹香をガバッと掴むと、仏前に投げつけて退出したのであった。一方、信長の弟、勘十郎（信行）は折目正しき肩衣、袴を着用し、形通りの作法で焼香を済ませたのであった。

「信長様はやはり、大うつけよ」

と、その場にいた人々の多くが取り沙汰したが、信長の所作を見ていた筑紫から来た一人の客僧が、

「あれこそが、国を持つ人よ」

と語っていたとのことであった。

以後も、信長の「大うつけ」ぶりは改められず、同二十二年（一五五三）閏一月、信長の傅役であった平手政秀がこれを諫めるため自害するほどであったとされる。

舅道三との会見

ところで、天文十七年（一五四八）には織田信秀と美濃の斎藤道三との間で和睦が成立した。信長は道三の娘を娶《めと》った。その後、道三と信長が富田の正徳寺で会見することになった。道三は婿信長がどのような人物であるか自身の眼で見ておきたく思い、信長が到着する前に富田の町端の小家に忍び込み、息を殺して信長の様子をうかがった。

馬上の信長の風貌たるや噂通りで、髪は茶せんにし、萌黄色の平たい紐で茶せんを巻き立て、湯帷子を片肌脱ぎにし、のし付けの太刀、脇指二つともに長柄に三五縄を巻き、太い苧《からむし》を腕輪にして、腰のまわりには猿まわしのように火打ち袋や瓢箪《ひょうたん》を七つ、八つ付け、虎や豹のなめした皮を四色に染め、寄せ合わせて仕立てた半袴を召しているではないか。

さらに、信長を護衛する伴衆七、八百は、甍《いらか》を並べるように整然と行進してきたが、先頭の足軽に三間の長柄の朱槍五百本、さらに弓・鉄砲各五百挺を持たせて、正徳寺に向かっているのであった。これを見た道三は舌を巻くばかりであった。

正徳寺では、信長は屏風を引きめぐらし、髪を結い直し、いつ染め置かれたのか誰も知らない「かちん」（褐色）の長袴に着替え、これもいつ拵えたのか全くわからない「ちいさ刀」（小刀）に差し替えたから、織田の家中の面々も、

「さては信長様のこれまでのたわけは、わざと我らをたばかってのことか」

と、肝を潰したとのことであった。

「美濃のまむし」の異名を取る舅道三と、「尾張の大うつけ」と称された婿信長の会見が始まった。道三を紹介された信長は、

「であるか」

と威厳を持って接したとされる。二人は湯漬けを食し、盃を酌み交わし、しばし歓談の時を持ったとされる。

「またいずれ参会すべし」

と、道三は席を立った。道三は二十町ばかり見送られたが、この時、美濃衆の槍は短く、織田方の槍が長く林立して控えているのを見た道三は不機嫌になり、押し黙って帰路に着いたとされる。

途中、あかなべという所で、猪子兵介が道三に言うには、

「どう見ても、上総介（信長）はたわけでござるよ」

と。これに対して、道三が言うには、

「されば無念なことである。この山城（道三）が子らは、あのたわけの門外に馬を繋ぐ（軍門に降る）であろう」

と。

この後、道三の予想した通りにことが運んでいくのであり、道三の前で信長のことを「たわけ」と言う者はいなくなったという。

なお、道三との会見を通して、信長は織田家中の一部の人々と舅道三には、これまで振る舞ってきた「大うつけ」「たわけ」の真意を見透かされたことがうかがわれる。

「大うつけ」の背景

ところで、信長の「大うつけ」を育成した要因はいったいどこに求められるのかを考えると、父備後守信秀の存在が大きいのではないかと思われる。この父は信長の「大うつけ」を黙認し、養育の一切を傅役の平手政秀に任せていたのである。

信秀は弾正忠信定の子で、清須織田家（尾張下四郡守護代）に仕える庶流の家の出で、三奉行の一人であった。勝幡《しょばた》城（平和町）を本拠に次第に主家から自立し、今川氏豊の拠る那古野城を奪い、同城に本拠を移した。以後、安祥城の攻略、小豆坂合戦を通して西三河に侵入する一方、美濃の斎藤道三とも戦った。主家を圧倒しつつも、中世的な伝統、権威を尊重して伊勢神宮の遷宮費用や内裏修理料の献金を行い、自己の政治権威を高揚させていった。

この間、信長に那古野城を譲り、本拠を古渡城（現名古屋市中区）に、さらに末盛城（現千種区）に移した。信秀の勢力伸張には、津島社の門前町で港町であった津島をはじめ、熱田、伊勢湾などの交易の要地や流通ルートを早くから押えたことによって京、畿内からのいち早い情報収集などがあげられる。少年時代の信長が鉄砲の稽古に励んでいることから、すでに信秀の時代から泉州堺の商人との接触があったことも考えられる。

信長の「大うつけ」は、信長自身の個性はもとより、まさに京と東国の中間に位置し、京、堺などから先進的な商品や文化を積極的に受容することが可能であった尾張の地理的環境と、これを巧みに利用して自身の政治的地位を向上させた父信秀の存在を抜きにしては考えられない。

なお、『信長公記』に見える信長の「うつけ」「たわけ」ぶりについて、父信秀の葬儀に際し、筑紫から来た客僧が「あれこそが国を持つ人よ」と評し、正徳寺に入った信長が正装して折目を正して舅道三に接したというオチがついている点から、その非行を信長の仮の姿とすることにより、英雄伝にありがちな作為がかえって露骨に感じられるという指摘もなされている。しかし、若き日の信長の実像は掛け値なしの「うつけ」「たわけ」そのものであったのだ。また信長が好んで差して歩いた朱鞘の太刀は、慶長期の「かぶき者」のシンボルでもあったとされる（守屋前掲書）。

信長と津島踊り

なお、『信長公記』首巻には、

七月十八日、おどりを御張行、
一、赤鬼　平手内膳衆、
一、黒鬼　浅井備中守衆、
一、餓鬼　滝川左近衆、
一、地蔵　織田太郎左衛門衆、
弁慶になり候衆、勝れて器量なる仁体なり。

と見え、前野但馬守、伊東夫兵衛、市橋伝左衛門、飯尾近江守が弁慶を踊っている。また、餓鬼を滝川左近（一益）衆が踊ったことが見えるから、この踊りの一団の中に慶次郎が混じっていても、何ら不思議ではなかろう。また、

一、上総介殿（信長）は天人の御仕立に御成り候て、小鼓を遊ばし、女おどりをなされ候。

一、祝弥三郎《はふり》　鷺《さぎ》になられ候、一段似相ひ申となり。

津嶋にては堀田道空の庭にて一おどり遊ばし、それより清洲へ御帰りなり。

と見える。『尾張名所図会』附録五によれば、この後、盆踊りの「津島踊り」が流行したというから、父信秀以来の領地であった津島の土地柄も、信長の「かぶき」に不可欠であったことがうかがわれる。

なお、津島社はすでに平安末期の承安五年（一一七五）書写の「大般若経」（名古屋市七《なな》寺《でら》所蔵）奥書にその名が見える。津島祭は同社の大祭で、津島牛頭《ごず》天王祭と称され（現在は津島川祭り）、川祭り（宵祭）と神葭《みよし》放流神事（朝祭）から成る。陰暦六月十四・十五日（現

在は七月第四土曜・日曜）に挙行されているが、この時期の風流には「かぶき」の要素が十分含まれていたことが考えられる。また、大永六年（一五二六）の『宗長手記』によると同地に信秀を迎えて連歌興行が行われたというから、町衆の経済力と結束、同地の繁栄が連歌の隆盛を支えていたことをうかがわせる。

幸若舞「敦盛」を舞う

信長といえば、永禄三年（一五六〇）五月、桶狭間の合戦の際、幸若舞の「敦盛《あつもり》」の一節を舞い、清須城から出陣して今川義元を討ち果たしたことでも知られる。

「人間五十年、下天《げてん》の内をくらぶれば、夢幻《ゆめまぼろし》のごとくなり。一度生《ひとたびしょう》を得て、滅せぬ者のあるべきか」（『信長公記』首巻）。

幸若舞は曲舞《くせまい》の一つで、幸若座の芸人が舞ったとされる。謡い物の伝統を受け継いだもので、主として軍記物語を素材とし、かなり長い叙事詩的な内容の詩章を鼓の調子に合わせて歌い、同時に舞うものである。「敦盛」は世阿弥作の能にも見られる物語で、一ノ谷合戦で年若き平敦盛を討った熊谷直実が、世の無常を感じて仏門に入ったという説話を題材に脚色したものである。

「人間の一生はわずかに五十年、終わりなき天の道理の中では、一瞬の夢か幻に過ぎない。ひとたび人間として生を得た者は何人《なんぴと》たりといえども、滅ばぬ者があろうはずはないのだ」

すなわち、「生者《しょうじゃ》必滅《ひつめつ》」の道理を説いている。戦乱や天災にさいなまれて、明日をも知れない中世、戦国人たちにとって、「生」と「死」は隣り合わせの状態であった。各自の「生」をどう生かしていくかが、深刻な問題だったといえる。「生者必滅」だからこそ、「死」のギリギリの極限までの「生」への執着を、「敦盛」は説いているのだ。

その点で、信長も「生」への執着を通して桶狭間で今川義元を討ち果たし、父の成し得なかった尾張一国の平定を成し遂げ、さらに舅道三が予想した通り、美濃の平定にも成功しているのだ。

幸若舞「敦盛」
（みやま市教育委員会提供）

さらに、信長が好んで歌った小唄に、

「死のふは一定、しのび草には何をしようぞ、一定かたりをこすよの」（同）

というものも知られている。

これも、何人にも平等に訪れる逃れ難き「死」を達観した上で、「生」の問題を真剣に受け止めようとする、戦国人の気風を示している。信長が口ずさむレパートリーの一つであったとされる。

「天下布武」と「かぶき」

永禄二年（一五五九）二月、信長は上洛して将軍足利義輝に謁見した（『信長公記』）。公家の日記には、上洛に際して五百人ばかりが随行したが、「異形の者多しと云々」と見えるから（『言継卿記』）、行列の一行には「かぶき」風体の者が数多くいたことが知られる。信長が上洛という「ハレ」の政治的舞台に「大うつけ」以来の「かぶき」嗜好を生かしていたことがうかがわれるのだ。

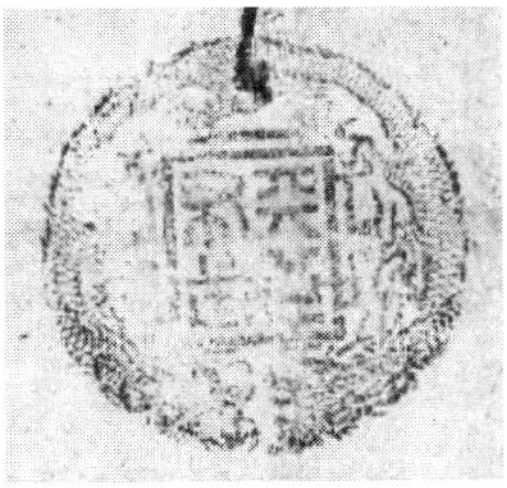

織田信長天下布武朱印
（天正5年5月10日付朱印状より・滋賀県立安土城考古博物館蔵）

なお、居城を小牧山から稲葉山城に移した信長は、中国の古典に見える、周の文王が岐山《ぎざん》に興って天下を取ったという嘉例にならい、同城下井の口を岐阜と改めた。また、聖人の前に出現するといわれる、中国の想像上の動物である「麒麟《きりん》」をデザイン化した花押《かおう》を使用したほか、「天下布武」の印判を用いて天下統一の志を表明した。ここにも、中国古典に裏打ちされた信長の「かぶき」の一端をうかがうことができる。

こうした信長の「かぶき」は、安土城天主をもって完成する。

軍事的側面では、三河長篠の合戦における鉄砲の大量使用、短槍から長槍への転換、佐々成政、前田利家を筆頭とする黒幌衆《くろほろしゅう》、赤幌衆の創設、京や安土での武者揃え（軍事パレード）などが信長の「かぶき」の片鱗をうかがわせる。

また、信長はキリスト教にも関心を持ち、イエズス会宣教師らから贈られた南蛮の甲冑やビロード製のマント、ジャケットなどを何の違和感もなく着こなしている点は注目される。

さらに、比叡山の焼き打ちや、伊勢長島・越前などの一向一揆に対する無差別な殲滅行為は凄惨を極め、これまでの戦略史を一変させる事件であったが、常軌を逸脱したこれらの戦略行為は、信長特有の「かぶき」に裏打ちされたものの一環であったとみることも可能ではないかと思う。さらに、天正二年（一五七四）元旦、岐阜城に出仕した諸将に対して、朝倉義景、浅井久政・長政父子の三人の首を「薄濃《はくだみ》」（漆を塗り金彩を施すこと）の盃にして、これを肴に振る舞いがなされたという（『信長公記』ほか）。敵将の首を「薄濃」にするという奇行は、反信長勢力に対する政治的パフォーマンスとして、まさに彼特有の「かぶき」精神の極致を貫いているといえよう。

この時期、信長の「かぶき」は、すでに「大うつけ」の範疇《はんちゅう》を超え、「狂気」を帯びているようにさえ見える。だがそこには、腐りきった中世社会に対する構造改革の主体者として、「天下布武」を標榜して新たな統一政権を建設するための、政治的パフォーマンスとしての彼特有の「かぶき」行為が存在したことを見落としてはならないと思うのだ。「かぶき」とは、本来は反体制的な思考、行動をともなう。究極的には「かぶき」＝反体制の所産に他ならないのだ。しかし、信長の場合は、「かぶき」を、旧体制を倒して新たなる体制作り、社会の枠組みを構築するための手段、政治的パフォーマンスとして大いに活用しているのである。

信長の跡を継承した豊臣秀吉もまた、「かぶき」を大いに活用した。馬印に使用した「金の千成瓢箪《せんなりびょうたん》」をはじめ、後陽成天皇が行幸した「聚楽第」、諸将に対する金銀配り、千利休のわび茶に対抗した「黄金茶」、醍醐《だいご》の花見など、主として「金《きん》」を使用して派手な演出をほどこしたこれらの政治的パフォーマンスは、信長の「かぶき」を引き継いだものであった。

結果的には統一政権という体制の維持、強化のための手段として、「かぶき」本来が持つ反体制の側面を削ぎ落とし、自身の体制内に埋没させる格好で「かぶき」を活用し続けることを選択したといえよう。秀吉自身もその辺のことは熟知していたから、慶次郎の逸話にも見られる、反体制的な側面をそのまま保持した慶次郎の「かぶき」を天下御免としているのだ。

傍若無人の信長の異端は、次の天下人秀吉の天衣無縫《てんいむほう》な性格の中に忠実に継承された。

だが、あらゆる面で異端とはほど遠い常識人であった家康によって下剋上の乱世は幕を引かれた。家康の将軍宣下の年の春、出雲の阿国の「かぶき踊」が創始され、新たな「かぶき者」たちの、つかの間の「かぶき」の時代（大坂の陣まで）が訪れたとされる（守屋前掲書）。

三、利家の「かぶき」

「かぶきたるほどの気立て」

前田利家も若い時は「かぶき」の御人で、なかなかの「粗忽《そこつ》」人であり、喧嘩好きでもあった。その頃のことだが、利家の所持していた槍が「又左衛門の槍」だと遠くからでも見えたなら、皆が、

「こちらに又左がくるぞー」

かぶき武者
(『洛中洛外図屏風』左隻部分・勝興寺文化財保存活用事業団蔵)

と言い合い、関わりを持たないように、その場から一人、また一人と次第に人が減っていくほどの険しい形相をしていた。

利家はのちに、

「若き者たちは、『かぶき』たるほどの気立てを持つように」

との御意であった(『利家記』)。

「かぶき」の人、「粗忽」で「喧嘩好き」であったから、利家は人付き合いは余り上手な方ではなかったらしい。「大うつけ」信長の側近くに仕えて行動を共にし、その影響をもろに受けた人物の一人であったことをうかがわせる。

「相手が殴ったら、斬ってやろうぞ」

聚楽第で蒲生氏郷、前田利長、木村常陸、山内一豊、戸田武蔵(勝成)らが話をしていた時のこと、木村と山内が意見の行き違いから、互いに刀を抜いてにらみ合った。氏郷と利長が仲裁に入り、なんとか両者を引き分けてこれを鎮めた。

後日、戸田が利家のもとを訪れた際、この時のことを話して帰った。戸田が帰った後で、利家は二男の利政やその場にいた若者たちに、

「総じて侍は登城の時も、さてまた大勢で話の座に入ろうとも、自分と誰とは仲が悪いぞ、誰とは遁れ難き深い仲であるぞということを分別して、あるいは仲の悪い者がこう言ったなら、こう言い返そうぞ、相手が殴ってきたなら、斬ってやろうぞと考えておけ。また、仲のいい者と話をしたならなどと考えて、人中に出るものである。人に会う時には、恨みのない者どもには常に笑顔で接するようにするものである。信長公もそのような御意向であった」

と語った(『国祖遺言』)。

利家は「喧嘩好き」であったが、むやみやたらと喧嘩をしていたわけではない。対人関係において、意見の違いなどから自身のプライドが侵害された場合に、相手の出方次第で喧嘩、時には抜刀など臨機応変に対処すべきであることを説いているのだ。

「相手が殴ったら、斬ってやろうぞ」

というのは、幾分乱暴で物騒な話だが、あくまで自身の名誉に対する侵害が前提にあった。喧嘩や抜刀は侵害された名誉を回復するための手段であった。そのためには、普段から自分と相手との間柄が良いか悪いか、相性の問題を弁《わきま》え、相手が言ったことにどう

対処すべきかを考えておくような人付き合いをすべきであるとしているのだ。

ところで、利家の嫡男利長の逸話として、「喧嘩両成敗」が大御所（家康）から定め置かれたが、利長は喧嘩の当事者に対しては、理非を斟酌《しんしゃく》、吟味して、道理に適っている場合には罪を問わず、姓、系図などの家柄に左右されず、正しき者を取り立て召し使った。家臣の上下の扱いを等しくして、下々の申し分も聞き入れたとされる（『三壷聞書』）。「喧嘩両成敗」という喧嘩の当事者を対等に処罰する法を単純に適用するのではなく、結果として喧嘩に至らざるを得なかった背景や道理、当事者の救済にまで心を配っていたことをうかがわせる。

なお、利家を祭神とする尾山神社（金沢市）の宝物には、利家所用とされる、「かぶき者」のシンボルの一つである蒔絵朱鞘の太刀、脇指が所蔵されている。

流行歌「大仏もやけた」を唄う

利家が大坂の屋敷にいた時のこと、機嫌が良いと、金森法印（長近）、猪子内匠（一時）、戸田武蔵（勝成）らかつての傍輩と歓談した後の酒盛りの際に、昔の小唄を皆と唄ったとのことであった。その小唄とは、

「大仏もやけたくるへただあそべ、唯浮世は不定の身を持ちて」

というものであった。皆々陽気に合唱してご機嫌であった。

その唄のことで、年寄衆に聞いたところによると、

「昔、奈良の大仏を松永（久秀）が焼き打ちした時に、尾州にも流行って唄った」

との由であった。その後、伏見の川端屋敷に富田左近（知信）が出仕した時にも、顔を合わせた面々がこの唄を唄ったので、利家もご機嫌がよかったということである（『菅利家卿語話』）。

東大寺大仏殿（奈良市観光協会提供）

永禄十年（一五六七）十月、大和では松永久秀が三好三人衆と合戦した際に東大寺大仏殿が焼失したことから、この唄が生まれて地方に伝播し、尾張でも流行ったことがうかがわれる。平安末期、平清盛の命により、その子重衡によって焼き打ちにあった大仏殿は鎌倉期に再建、大仏も再鋳造され、中世人の心のより所となっていた。それが松永らの合戦により再び炎上した事件は、人々を不安に陥れた。唄に曰く、
「大仏が炎上した今となっては、ただ狂え、遊べ。この

世は明日をも知れぬ身の上であるからこそ、生きているうちに精一杯、楽を求めてただ狂い、ただ遊ぶのだ」

と。厭世《えんせい》観を逆手にとり、「生」への執着を、狂気乱舞、享楽に求める思考を唄ったものである。

ところで、室町〜戦国期（永正十五年以前）に流行していた小唄を集めた『閑吟集《かんぎんしゅう》』には、

「憂きもひととき、うれしきも、思ひさませは夢候よ」

「何せうぞ、くすんで、一期は夢よ、ただ狂へ」

というものが見られる。これらの小唄から、死と不安に満ちた戦乱の世界を背景として、虚無感から生じた肉体的享楽と陶酔への欲求が一段と強調され、官能に生きる生活への志向が見られる（杉浦『戦国乱世の文学』）。「大仏もやけた」の小唄も、この『閑吟集』に見える小唄の影響を強く受けているのだ。

なお、のちに信長が、

「久秀は常人に為し得ないことを三つやった。一つは主君を倒したこと。一つは将軍を殺害したこと。そして一つには東大寺の大仏を焼いたこと」

と言ったことは有名な話である。下剋上の典型とされる松永久秀の暴挙の一つに、大仏殿の焼き打ちもあげられているが、この時、信長は彼の暴挙を否定してはいない。

久秀の最期は、織田軍に包囲された信貴山城に拠って壮絶に自爆するというものであった。それまでの間、三度も信長に反したが、信長はそのたびに久秀を赦したとされるから、久秀に対する信長の期待が如何に大きかったかをうかがわせる。信長の比叡山焼き打ち、伊勢長島・越前での一向一揆に対する殲滅行為も、あるいは久秀による大仏殿炎上を先駆と意識してのことであったとも考えられる。

『論語』に親しむ

利家は機嫌が良い時には常に、

「天下有道則見、無道則隠」（天下に道有れば則ち見《あらわ》れ、道無くば則ち隠る）

という『論語』の一節について話をした。

「これは信長公の右筆《ゆうひつ》であった武井肥後（夕庵）が語り講釈していたのを、興味深く思って書き写させておいた」

との御意で、側近くに仕えていた物読みの岡本三休が、いつも利家の相手をしていたとのことであった（『陳善録』）。

また、利家と『論語』について、『可観小説』にはこんな話もある。

「利家は文徳を兼ね備えていなければ、武勇も用をなさぬということを熟知していたとみられる。太閤秀吉もまた、よく人物を知る手立てを弁えており、利家を秀頼の傅役としたが、不幸にして太閤の死後の翌年、群臣を見捨てるかのように亡くなった。利家がなお十年在世していたなら、天下の大勢もどのようになっていたか、想像し難い。

『関ケ原記大全』という記録を見ていると、同書のうちになるほどと納得する記事を見つけた。肥後守であった加藤清正が親友に語った言によれば、

『大納言利家は晩年に及んで、文学の志もあったと思われる。太閤の死後、浮田（宇喜多）秀家、浅野幸長《よしなが》及び自分を招いて、なにかと話したついでに「大節に臨んで奪うべからず、君子の子か、君子の人也」と、古語（『論語』）の一節を引用して、主君としての志を示しなされた。

加藤清正画像
（熊本市立熊本博物館蔵）

その頃、自分は依然として文字も読めず、その意味を尋ねようとか、どういう意味なのかとの疑問を持つには至らなかったが、近年は朝夕『論語』を読んで、言葉の意味もようやく理解できるようになった。今の世にあっては、格別に理解していなかったならば、おそらくは「不義」に陥ったであろう。利家も元来

は無学であったゆえ、王覇儒仏（王道と覇道、儒教と仏教）などの議論については、死ぬ時に至ってまでも、その趣旨は理解できなかったであろうが、「大節に臨んで」の一節を通して、大名君子の道は弁えていたのであろう』と。清正は利家の言を書き記していた」というのだ（以上、『可観小説』）。

「天下に道有れば」「大節に臨んで」は共に、『論語』巻第四泰伯伝の一節である。前者は、「深く信じて学問を好み、命がけで道をみがく。危ない国には行かず、乱れた国には留まらない。天下に道があれば表立って活動するが、道のない時には隠れる。国家に道がある時なのに、貧乏で低い地位にいるのは恥である。国家に道がないのに、金持ちで高い地位にいるのも恥である」という意味、後者は「小さい孤児の若君をあずけることもできるが、諸侯の国家の政令をまかせることもでき、大事にあたっても、その志を奪うことができない。これこそ君子の人であろうか、確かに君子の人である」という意味である（金谷治訳注『論語』）。「小さい孤児の若君」というのは、多分に秀頼を意識していることがうかがわれる。

富士山ほどのプライド

以上、利家の「かぶき」の諸相の一面を垣間見てきたが、利家は、「自分は若い時から信長公に仕えて苦労してきたが、侍は富士山ほどの気高い心を持って奉公すべきである」と言い切っている。利家の「かぶき」は、富士山ほどの気高いプライドを持って奉公した「大うつけ」信長との強固な主従関係を通して共有されたもの、あるいは薫陶を受けたものであった。

しかし、それゆえに利家の「かぶき」は反体制、すなわち反信長的側面を全く有しないのである。結果的には、スケールの大きな信長の「大うつけ」に呑み込まれた格好だ。豊臣政権下でも「かぶき」の気立てを持続していたが、極めて体制的な思考で推移していたことが、言行からうかがえる。同じ「かぶき」でも、実は体制維持のために「傾く」秀吉・利家の「かぶき」と、無頼を志向する慶次郎の「かぶき」との間には大きな相違が見られる点は注目されよう。

四、「いたずら者」慶次郎

慶次郎の機知

慶次郎の無頼を志向する「かぶき」は、秀吉・利家の「かぶき」を超越していた。このことは、秀吉が慶次郎の「かぶき」を天下御免として保証したことからも明らかである。その点で「かぶき者」であった利家が、慶次郎の出奔に際して、慶次郎をあえて「いたずら者」と呼んでいる点は、改めて注目すべきであろう。

すなわち、利家は慶次郎の「かぶき」を、より尖鋭化した危険なものと見なしたのではないか。従来、「いたずら者」を「かぶき者」の同類とみる向きもあるが、慶次郎の出奔の逸話を見る限り、同類というより、「かぶき者」がより無頼を志向し尖鋭化して、時には徒党を組む形をとったものが「いたずら者」であったという考えも出てくるのだ。

そこには、より高尚な精神、意思に裏打ちされた「かぶき」の凄み、極致を求める志向が働いたのではないか。そのためには一層機転の利いた機知、ウィットを要したはずだ。それに必須の要素として、和漢の古典に対する素養こそが、より鋭く深く「傾く」べく求められていたに違いない。

慶次郎が京にいた時のこと、しばしば名馬「松風」のことを道行く人に尋ねられたが、そのたびに馬丁に烏帽子をかぶらせ、足拍子を踏ませて、

「この鹿毛と申すは、赤い蝶つがいに革袴、茨かくれの鉄冑、鶏のとつさか立烏帽子、前田慶次の馬にて候」

と、幸若を舞ってパフォーマンスして答えさせたという逸話に、まさに慶次郎の「かぶき」の一端が反映している。その点で、慶次郎の「かぶき」は尖鋭化し政治権力者であった秀吉からは「天下御免のかぶき者」と称され、利家が「いたずら者」と恐れた通りの男であったということもできるのだ。

連歌の隆盛

連歌も「傾く」ために必要不可欠な素養の一つと慶次郎は考えたらしい。「筑波の道」ともいわれ、中世に和歌から派生して隆盛を見せた連歌は詩歌の一つで、やがて近世の俳諧に発展していった。複数の人々(連衆)が共同で作るもので、「五七五」の長句と、「七七」の短句を交互に連鎖させてゆく。これを百句に至るまで繰り返す百韻を基本とした。こ

のことから、「座」の文学ともいわれた。和歌の優雅さや「わび」を追求する一方、機知やユーモアの嗜好も要素として取り入れられた。

連歌の流行は十三世紀初頭から十七世紀初頭までとされ、この間千句、万句というように長大化していった。また、心を一つにして、座を静寂の場とするための会席の作法も次第に整えられていった。

連歌の会も公家、武家にとどまらず、時代が下るにつれて次第に身分を超えて地下《じげ》（位階、官職を持たない人々）の社会にも普及していった。また、連歌を指導する職業として、連歌師も出現した。将軍足利義政の頃、仏道と歌道の融合を通して幽玄の境地を確立した心敬のほか、『新撰菟玖波集《しんせんつくばしゅう》』を完成させた宗祇、宗祇の門人兼載、肖柏、宗長らの活動により、地方への普及や庶民化が進行し、里村紹巴に至ったとされる。

慶次郎は連歌のほか、『源氏物語』『伊勢物語』などにも造詣が深かったことが知られる。『源氏物語』の注釈研究は平安末期以降盛んとなった。室町期には連歌創作のための源泉とされ、宗祇、肖柏が注釈書をものしている。彼らの講釈を受けた三条西実隆の研究を機に、同家によって「源氏学」が確立され、その学風は実隆の外孫、九条稙通《たねみち》に至った。

また、在原業平を主人公に仮託した『伊勢物語』も、後世には多くの人々に愛読され、歌人、連歌師の必読の古典とされた。なお、慶次郎は戦場にも『伊勢物語』を持っていったという逸話が残されている。文学的素養に裏打ちされた慶次郎の「かぶき」には、光源氏や在原業平をモデルとしたダンディズムも存在したことがうかがわれる。

松永貞徳の「源氏竟宴」連歌会

ところで、天正十年(一五八二)二月十八日、松永勝熊(貞徳)は十二歳の若さで前関白九条稙通の『源氏物語』講義を修了した。勝熊の父永種は、祝いの「源氏竟宴《げんじきょうえん》」の連歌会を興行した。

この時の連歌懐紙(静嘉堂文庫所蔵、京都大学国文学研究室所蔵)には、

天正十年二月十八日 光源氏物語竟宴之会

賦山何連歌

花に猶みちわけそへん行衛哉　玖(九条稙通)
はるかすみにひかれぬる袖　勝熊(松永貞徳)
たかとはふすそのゝきゝす鳴捨て　玄旨(細川幽斎)
あめのはれまの日はかすかなり　友感(松井友閑)

まつ空のこよひの月のいかはかり　安津（宇喜多安心）
ひらきをきたる窓の秋かせ　由己（大村由己）
山みれは霧のとたえの色付て　可継（妙蓮寺住職）
をふねかすくうかふ川上　永種（勝熊の父）
水鳥のともなふ波のあけはなれ　**似生**（書入れに「**前田景二郎**」）
霜にかれたつあしのむらく　長澄（書入れに「溝江大炊」）
一もとの枩《（松）》ハけぶりにあらはして　清英
さとは野中のそことしもなし　小弐
くれぬれは行つかれての草まくら　勝熊

松永貞徳画像（妙満寺蔵）

と見える。十一名が連衆として名を列ね、執筆は小弐であったとされる。

この連歌百韻は、『永禄天正源氏竟宴集』に収載され、貞徳在世中の正保三年（一六四六）に門人加藤磐斎らによって刊行されたが、勝熊が十三《（マヽ）》歳と若いことや、連歌会に列した人々が数年後に形成された秀吉文化圏で活躍した武家・文人らであること、竟宴の行われた妙蓮寺がこの時期、京になかったことから、「天正十年」という年記については誤記ではないかという指摘もなされている（以上、小高『新訂松永貞徳の研究』『同』続編）。

「似生」は慶次郎か？

ここで注目されるのが、「似生」という人物である。書入れに「前田景二郎」と見えることから、これを同音の「慶次郎」に当てる説、また、のちに秀吉に抜擢され、京都奉行となった前田徳善院玄以（宗向）に当てる説も見られる（小高前掲書）。「似生」という人物の特定について、同音であることから慶次郎に当てる説が導き出されるのは自然なことであり、注目すべき点である。

なお、寛永年間に刊行された『鷹筑波集』にも、京都で開かれた連歌の会に「前田慶次良似生」の名が見えるとされる（今福『前田慶次』）。同書は貞徳の門弟山本西武が編んだ俳書で、「寛永十五年（一六三八）五月二十五日　長頭丸」という貞徳の跋文《ばつぶん》が見えるが、寛永十九年（一六四二）以前の刊記のある本は見られず、成立は同十九年春頃まで引き下げて考えることができるとされる（小高前掲書）。

貞徳の自伝的文学といわれる『戴恩記《たいおんき》』(岩波日本古典文学大系)にも「源氏竟宴」の記事が見られ、同書の補注にも「前田慶次郎利太」の名がある。ただ、書入れが人物を特定する際の有効な手段となることは認めつつも、書入れの時期や歴史的背景について、言及がほとんどなされていない点で、問題が全くないわけではなかった。

書入れから導き出された「似生」=前田慶次郎という説は、前述の『前田慶次道中日記』と命名されている見聞記の冒頭に見られる「啓二郎」を、同音であるという理由から慶次郎に比定するという、見聞記自体の命名にも関わる問題と共通する側面を有している。同音ということだけでは短絡的に肯定し得ない側面を有することにも必要性を感じるのだが、それほどまでに慶次郎に関する一等史料が少ないことも否定できない事実である。『鷹筑波集』に見える「前田慶次良似生」の記事から、一応は「似生」=慶次郎として、この源氏竟宴連歌会を介した慶次郎の人間関係の一面を見ておこう。

なお、江戸中期頃までの連歌会の記録を集めた『連歌総目録』によれば、「似生」が参加した連歌会には、このほか、天正十六年(一五八八)閏五月十日、同十七年二月二十六日、年未詳の三例が見られるとされる(今福『前田慶次』)。

連歌会に見る慶次郎の人間関係

この連歌会の主人公で、のち**貞徳**と称した**松永勝熊**(一五七一〜一六五三)は、江戸前期の歌人、俳人である。逍遥軒ほか、多くの号を名乗った。連歌師であった父永種の縁故と、生来の明晰な頭脳、温和で従順な性格を活かし、九条稙通《たねみち》、里村紹巴、細川幽斎をはじめとする多くの知識人、文化人から、和歌、歌学、連歌、儒学、神道、有職故実《ゆうそくこじつ》など当代の学問を大いに学んだ。秀吉の右筆にもなったが、徳川の世になった後、在野にあって和歌の道に精進する一方、俳諧、狂歌の研究にも尽くした。

俳諧の全国普及、確立を目指し、北村季吟をはじめとする多くの門人を抱え、「貞門」という流派を形成した。なお、儒学者藤原惺窩《せいか》とは又従兄弟の関係にあった。貞徳の子昌三(尺五)は儒者として、木下順庵、貝原益軒らを弟子に持ち、門弟は五千人を超えたとされる。一時期には加賀前田家の扶持を受けたが、帰京後は門弟の教育に当たった。

松永永種(貞徳の父)は、摂津高槻城主入江政重の子であった。戦乱の中で父を失い、母とも別れ、六歳で孤児になったとされる。父政重が、

「武士としての家業に就かないのなら、祖母の実家の松永氏に改めよ」

と遺言したため、東福寺に入寺後、還俗して、以後は松永氏を称して連歌師の道を歩ん

だとされる。あの東大寺大仏殿を焼き、信貴山城で壮絶な爆死を遂げた松永久秀と永種は又従兄弟の関係にあった（以上、小高前掲書）。

九条稙通（一五〇七〜九四）は九条尚経の子である。弘治元年（一五五五）四十九歳で出家した後、外祖父三条西実隆のＤＮＡを受け継いでいたこともあって、実隆から『源氏物語』の秘伝を伝授され、オジ三条西公条の『源氏物語』の講義を受けた。この時期の有職故実・古典の学者として知られている。天正三年（一五七五）に研究の集大成として著した注釈書『源氏物語孟津抄』（『九禅抄』）五十四巻をはじめ多くの著書がある。

細川幽斎（一五三四〜一六一〇）は将軍足利義輝、義昭の二代に近侍した。名は藤孝を称した。永禄八年（一五六五）義輝が京都で暗殺されたのち、奈良一乗院にあった義昭を救出した。近江、越前などを流浪後、明智光秀と共に信長の援助を得て、義昭の上洛を実現した。天正元年（一五七三）義昭の追放後、信長の家臣となり、のち丹後田辺城主となった。

細川幽斎画像
（京都市左京区・天授庵蔵）

若い時から歌道を志し、二条家歌学の正統として『古今和歌集』の秘説を伝授する古今伝授を三条西実枝（実隆の孫）から受けて和歌、連歌の道を大成、九条稙通から『源氏物語』の奥義を授けられたほか、茶道、料理、音曲、刀剣鑑定、有職故実など、多彩な学芸の極致に到達した屈指の文化人であった。関ケ原合戦時には田辺城に籠城、幽斎の戦死を憂慮した後陽成天皇が古今伝授の断絶を惜しみ、勅命を出して開城を勧告したことでも知られる。また、武将としても剣術を塚原卜伝《ぼくでん》に師事したほか、波々伯部貞弘《ははかべさだひろ》から弓術の印可を受け、武田信豊から弓馬故実を相伝されるほどであった。

ところで、幽斎は慶次郎より一歳年下の同時代人であるとともに、出生についても似通った境遇であった。すなわち、幽斎は三淵晴員《はるかず》の子とされるが、一説には将軍義晴のご落胤で、母は義晴の側室であったが懐妊中に晴員に下されたともいわれる。のち義晴の命により細川元常の養子となり、養父の死後、細川の家督を相続している点は注目されよう。

なお、幽斎の文芸に関する教訓歌として、

歌連歌乱舞茶の湯を嫌ふ人
　そだちのほどを知られこそすれ

と見え、インテリ武将幽斎の姿をほうふつとさせているという指摘がある（米原『細川幽斎・

忠興のすべて』)。この歌を見る限り「歌(和歌)」「連歌」「乱舞」「茶の湯」などが、この時期の武将にとってインテリの素養になり得ると幽斎は確信していたことをうかがわせる。その点で、これらの素養を持ち合わせていた慶次郎はまさにインテリ武士の一人であったといえる。

松井友閑《ゆうかん》(生没年不詳)は尾張清須の商人から信長の家臣に取り立てられた。永禄十三年(一五七〇)に信長が堺の茶人から名物の召し上げの命を下した際、その使者を務めた。のち、信長に背いた松永久秀や荒木村重に対する慰撫《いぶ》にも尽力しているが、久秀の一族であった永種—貞徳父子との関係も深かったと思われる。

宇喜多安津《あんじん》(安心)は、備前岡山城主宇喜多直家の弟忠家とされる。豊臣五大老の一人で、利家の婿になった秀家の叔父に当たる人物であった。秀吉の昵近《じっこん》として処遇され、慶長三年(一五九八)遺物として吉次銘の刀を拝領した。大坂の陣で千姫を救出した坂崎出羽守の父として知られる(『太閤記』ほか)。

大村由己《ゆうこ》(〜一五九六)も和歌・連歌に通じ、多くの文化人と親交があった。摂津中島天満宮の社僧であったが、早くから豊臣秀吉の知遇を得て御伽衆に列し、秀吉を主人公とする軍記物『天正記』、能の新作者としても知られた。

可継は妙蓮寺の住職であった。妙蓮寺は京都市上京区妙蓮寺前町に所在する日蓮宗、

妙蓮寺（京都市上京区）

本門法華宗の大本山で、開基は日蓮の弟子日像。鎌倉後期に日像に帰依した五条西洞院の酒屋、柳屋氏が邸内に一宇を建立したのが始まりとされる。これは一度破却されたが、応永年間（一三九四～一四二八）に日慶が四条綾小路付近に妙蓮寺という寺号で再建、開山に日応（庭田重有の子）を迎えて、大いに発展した。

天文五年（一五三六）延暦寺衆徒に焼かれ（天文法華の乱）、住職は泉州堺に逃れた。同十三年（一五四四）に大宮西・北小路の地に再建されたものの、天正十五年（一五八七）に秀吉の都市改造政策（聚楽第築造）により現在地への移転を命じられたとされる。長谷川等伯一派による障壁画や本阿弥光悦筆『立正安国論』のほか、江戸初期の枯山水庭園がある（『京都市の地名』など）。

なお、永種・貞徳らの一家は熱心な日蓮宗信徒であり、貞徳の弟が妙蓮寺に入寺していたことから、同寺の檀那《だんな》であったと思われる。住職とも深い関係を有しており、同寺が竟宴の連歌会の場となったというのもうなずける。

溝江長澄（大炊）については不明な点も多いが、越前金津城主であった溝江長逸の子に大炊助《おおいのすけ》長氏（〜一五九八）が知られる。もとは朝倉義景の家臣で、のち秀吉の馬廻りとなり、慶長三年（一五九八）小早川秀秋に付けられ、旧領越前で一万七百七十石を拝領したとされる。同年に秀吉の遺物「藤島」銘の刀を贈られた（『太閤記』ほか）。なお、清英、小弐の両名は連歌師と考えられている。

「似生」＝前田慶次郎とすると、このような知識人、文化人のサロンに慶次郎が名を連ねた点は注目に値するが、その契機については不明な点も多い。あるいは、尾張清須の商人の出身であった松井友閑辺りとの関係、養父利久の娘の嫁ぎ先であった熱田の加藤氏と友閑との関係などが背景にあったものと考えるのが妥当かもしれない。

天正十年という年

なお、この連歌会の「天正十年二月」という年記が誤記ではないかという問題に関連して、仮に「似生」＝慶次郎であれば、天正十年（一五八二）という年には信長の甲斐武田氏攻めがなされている点からも、やはり時期的に慶次郎の参会は困難ということになろう。慶次郎は実家の滝川一族と行動を共にしていたと考えれば、同年二月という時期には、甲斐武田氏攻めの出陣の準備に多忙を極めていたと考えるのが自然ではないかと思うのだ。

すなわち、滝川一益は織田信忠に従い、二月十二日に岐阜から出陣した。十四日には木曾峠を越え、伊那郡に入り、十六日には鳥居峠に進軍して、武田軍と戦った。三月十一日には一益らの軍勢が武田勝頼を討ち取ったことが知られる。同二十九日の知行割りで、一益は上野一国及び信濃二郡（小県・佐久）を下され関東管領となり、上野厩橋城に入城した。信長は老齢の一益を遠国に派遣するのは気の毒なことだとしながらも、関八州の警固、小田原北条氏に対する監視を申し付け、秘蔵の馬を与えて関東への入国を励ましたとされる（『信長公記』、奥野『文書の研究』下）。慶次郎をはじめとする滝川一族は一益に従い、上野国内か信濃二郡内で、武田氏滅亡後の残務処理や新たな領国作りのほか、対北条・上杉氏との戦略などに従事していたと考えられる。

ところが、同年六月の本能寺の変、信長の死により後ろ楯を失った一益は、北条氏政・氏直軍との神流川の合戦で大敗し、本領の伊勢長島に逃げ帰った。その後の清須会議を機に、柴田勝家・織田信孝と羽柴秀吉の対立が表面化し、一益は勝家らと結んでいる。このように、天正十年は慶次郎の周辺にとって流動的で多忙な一年であった。

同時に、天正十年という年には、永種と里村紹巴との間で確執が生じ、永種が紹巴を義絶するという重大事件も起こっている。紹巴は奈良出身の成り上がりとされ、自信もありアクも強い人物であった。当代一の宗匠を自認していたが、時折退屈心を起こすと、旅姿で「関東に下らん」と言い出し、京の上立売から五辻に至る小川通りに暮らす多くの連歌師から制止されたといわれる。

一方の永種も気位が高かったが、常に紹巴の下位に立たされていた。ある時、紹巴の会で使いの者が廻って句を集めることとなったが、一巡を誤ったことから、永種は甚だ侮辱を受けたと感じて義絶したとされる。ただ、その子貞徳と紹巴の間にはその後も親交があったとされる（『戴恩記』、小高『松永貞徳の研究』）。

あるいは、のちに永種が将来を託した我が子勝熊（貞徳）の「源氏竟宴」を天正十年とすることで、松永家の里村家に対する優位性を喧伝するため、あえてこの年の記事にしたのではないかとも思われる。

里村昌叱、紹巴との関わり

ところで、『一本御系譜』には、慶次郎がかつて里村昌叱《しょうしつ》宅に遊んだ際の連歌として、

雪折やつれなき杉の下涼み　慶次殿
時雨行《ゆく》かと蝉の啼《なく》山　昌叱

というものがあげられている(『本藩歴譜』)。

里村家は昌休を祖とする連歌の家で、天文二十一年(一五五二)昌休の没後、紹巴がその遺児昌叱(仍景)を養育して基礎を作った。昌叱・昌琢の系統は里村南家を、紹巴、玄仍・玄仲の系統は里村北家を称した。

里村昌叱は策庵を号した。紹巴の門人として連歌を研究し、のち法橋(僧位の一つ。連歌師にも与えられた)に列した。連歌七名人の一人となり、慶長八年(一六〇三)七月二十四日没した。享年六十五歳。その子昌琢(景敏)は竹斎、懐恵庵、拝北庵と号した。のち法橋に列し「花の下」の号を賜る。寛永十三年(一六三六)二月五日に没した。享年六十一歳。『類題名所和歌集』(全七冊)の著作がある。里村南家の子孫は江戸幕府に仕え、柳営(幕府)連歌の運営に努めた。

一方、紹巴は臨江斎を称し、周桂、里村昌休、三条西公条らに和歌、連歌、古典などを学んだ。永禄七年(一五六四)師であった宗養の没後は、連歌の第一人者となった。近衛稙家、三好長慶、細川藤孝、明智光秀、豊臣秀吉、大覚寺義俊、聖護院道澄など、公家、武家、僧侶といった多くの人々と親交を結んだ。文禄四年(一五九五)豊臣秀次事件に連座し、流罪に処される。慶長二年(一五九七)赦免となったが、同七年(一六〇二)四月十二日に没した。享年七十八歳、大徳寺正受院に墓がある。円滑な会の進行を第一とし、連歌の社交性を重視した。

ところで、天正十年(一五八二)五月二十六日、明智光秀は中国出陣のため、近江坂本から丹波亀山の居城に参着した。翌二十七日には亀山から愛宕山《あたごやま》に一宿参籠、太郎坊の御前にて二度三度と籤《くじ》を引いた。同二十八日に西坊にて連歌を興行した。光秀の発句、

ときは今あめが下知る五月哉

はあまりにも有名だが、この時、紹巴も連衆の一人として、

花落つる流れの末を関とめて

と詠んだことが知られる(『信長公記』)。

『上杉将士書上』には、慶次郎が紹巴から褒められた句として、

賤が植うる田歌の声も都かな　ひ(よ)《(脱カ)》つと斎

と見える（『上杉史料集』下）。

天正十年（一五八二）の松永永種の里村紹巴に対する義絶は別として、慶次郎は貞徳と共に、連歌を通して里村家とも親交を持っていたことが知られる。その背景には、熱田と連歌の関係があったと思われる。

連歌師宗牧は、

それ連歌は熱田大明神の新治、筑波の言葉より始まり

と述べている。連歌の祖であるとされるヤマトタケルノミコトを祀る熱田社では、神官・社僧らによる法楽連歌が盛んに行われた（『新修名古屋市史』第二巻）。

『紹巴富士見道記』によれば、永禄十年（一五六七）八月に紹巴が富士山見物の帰途、熱田に滞在して連歌会を興行したことなどが知られる。すなわち、

○二日、宗長ゆかりの滝坊にて「宿かるもおはなか本の名残りかな」と詠む。

○四日、加藤図書助（順盛）の新地の構まで海を掘り上げた、松陰近くの汐の出入りの早き所で、「みつ汐の入江や谷の秋の声」と詠む。半日後、亭主（加藤）の嫡孫六歳があやしき太鼓の音を聞く。

○五日、座主御坊で興行。「朝霧の入海かくす木間かな」と詠む。
○七日、法花堂本遠寺で張行。
○八日、熱田社の神事、放生会などを見る。
○九日、去年昌叱が借り宿で世話になった竹田小兵衛宅に赴き、庭を見、「真葛はふ庭に松虫声もかな」と詠む。
○十日、加藤図書助の馳走で、鳴海潟近くの道家与三兵衛宅にて興行。舟に乗り、図書助の庭を見る。酒酔いで足元乱れる。

などと見える。

なお、加藤全朔(延隆)は紹巴の熱田入りに際して、駿河下向をわざわざ延期したとされ、紹巴と熱田の有力者加藤氏との親交の深さの一端もうかがわれるから(『愛知県史』資料一一)、慶次郎と紹巴、昌叱の仲介には養父利久や加藤氏の存在が不可欠であった可能性は否定できない。

慶次郎と茶の湯

ところで、『米沢人国記』によれば、慶次郎は千利休の弟子、古田織部に茶道を師事し

古田織部画像(大阪城天守閣蔵)

たとされる(今福『前田慶次』)。茶道は慶次郎のみならず、滝川一族では一益はじめ、益重などもこれを嗜《たしな》んだことが知られる。織部の弟子には近衛信尋、上田重安(宗箇)、小堀遠州、本阿弥光悦、素庵、安楽庵策伝のほか、前田利長らがいた。慶次郎は光悦や素庵との間に、織部を介して茶道の面でも関係を有していたと推測される。

慶長二十年(一六一五)の大坂夏の陣の直後、織部は豊臣方への内通、謀反の咎により伏見の自邸で切腹したとされる。天才的な美意識を持った茶人大名で、美濃織部焼などの開発に尽力した。

「かぶき」の時代と慶次郎

すでに、秀吉の聚楽第に後陽成天皇が行幸された頃、世上では専ら婆娑《ばさ》風流《ふりゅう》(婆娑はバサラのことと思われるが、「かぶき」風流を指すか)が流行り、殊に高位、高官の人に楯突くことを快しとする風潮が一般化していた。若侍たちは前方から来る公家衆の頬を張り倒して闊歩するなどといった行為を手柄のように思い、自慢話の種としていた。この背景には、武家が横柄になったことがあったとされる（『漸得雑記』）。

関ケ原の合戦以降の幕藩体制の確立期（慶長～元和年間）、「かぶき」現象や「かぶき者」「いたずら者」の動向は、この時期の徳川と豊臣との不安定な政治状況、諸矛盾を反映して顕著となっていた。西軍に属して敗軍した大名家の多くは改易となり、侍の中には仕官に失敗して牢人となる者も急増した。

そのため、牢人たちの中には「かぶき者」となる者も数多くいたに違いない。「かぶき者」は牢人衆のほか、中間・若党などの奉公人らにも及び、かような風潮はやがて公家社会にも浸透し、一部の公家、青侍（公家に使える侍）層にも波及していった。

「かぶき者」「いたずら者」の意識の中には、戦国以来の下剋上の倫理観が依然根強く残存しており、縦割りの主従関係を超越した強固な同志意識も存在した。その行為は時としてより尖鋭化して、反体制的な色彩を濃くしていった。関ケ原合戦後から大坂の陣に至る時代は、まさに「かぶき」の時代であったとされている（守屋『京の芸能』など）。

反体制志向のガス抜きとしての「豊国祭」の終了後、家康はそれなりに満足したといわれるが、依然として、京中では「かぶき者」「いたずら者」が徘徊、闊歩していた。「いたずら者」慶次郎はまさにその先駆者の一人であったともいえるのだ。

ところで、慶次郎の終焉地を大和苅布とする説に立脚すれば、彼の死の翌年にあたる慶長十一年（一六〇六）六月には、京の郊外に遊山《ゆざん》に出かけた豪商の後藤氏、茶屋氏の婦女子が「かぶき衆」の暴行を受けるといった事件が起こっている（『当代記』）。同事件について、『慶長日記』『慶長年録』によれば、京の町人の女房が北野、賀茂辺りに出かけていったところ、若き武士たちが何かと「いたずら」の行為に及んだが、度が過ぎて過激であったとされる。訴人があったため、大御所（家康）より、この事件につき、詮議がなされた。

「この事件がもし虚説ならば、罷り出て弁明せよ」

とのことを仰せられたが、事件があったのは明らかなことであり、被告に名指しされた者は改易を命じられた。津田長門守（信成）、稲葉甲斐守（通重）、天野周防守（雄光）、沢半左衛門、苑田久六などの幕臣であった。ところが、この後、大嶋雲八、阿部右京、矢部善七、野間猪之助、浮田才寿といった人物も同様に改易に処されたのである。

慶長十四年（一六〇九）六月の頃の記事として、京にて荊《いばら》組、皮袴組と号する無頼の徒七十人を捕らえ、首領格の四、五人を処刑し、その党類をことごとく追放処分に処したとされる（『徳川実紀』第二巻）。『慶長日記』などによると、この頃、荊組、皮袴組といった「いたずら者」が京に充満していた。五月中には七十人余りが搦《から》め取られ、牢獄に留め置かれ糾明が命じられた。これらの者どもは何かと他人に喧嘩を売ったので、組頭（組の首領）の四、五人を成敗（斬罪に処し）、残りの者は大した罪状も見られず、ただ一時期の知り合いであったまでのことであるとして赦された。荊組というのは一般人に喧嘩を吹っかける者どもであり、また皮袴組の悪事も荊組に劣らないのであった。なお、タバコも法度であったが、それはこれらの「いたずら者」がタバコを介して組を形成したためである。大きなキセルを腰に差して、下人にもこれを持たせていたということである。

当時京では「いたずら者」たちが集団化して、数人のリーダーの下に徒党を組んだ。「荊組」は、荊をあしらった衣裳、「茨がくれ」の鉄冑や皮袴など揃いのユニフォームを着用して組を形成し、市中を徘徊して風紀を乱したことが知られる。

同年十月十六日には水野市正ら八名が切腹に処された。というのも、これらの衆はここ三年間にわたり、伏見の町屋から御城に詰めていたが、非番の時には方々にあふれ、辻では喧嘩をし、漢の武将樊噲《はんかい》のように厳《いか》つい顔で他人を威嚇したり、人を斬って、肉を喰らい、酒の馳走を強要する「かぶき者」であり、悪事が多かったのである。他に改易の者は小斐仁左衛門ら七名に及んだ（『慶長日記』）。

猪熊事件

「豊国臨時祭」の前年、慶長八年(一六〇三)には宮中で若い公卿と女官のスキャンダルといった風紀の乱れが見られ、宮廷での公卿宿直の作法の見直し、奥向きへの出入りに関する制限と取り締まりに関する壁書も出された(『慶長日件録』)。

慶長十四年(一六〇九)七月十四日には、猪熊教利《いのくまのりとし》及び公家五人と後陽成天皇の寵愛を受けた広橋局(広橋大納言兼勝の娘)ら宮廷に仕える女官、命婦《みょうぶ》らの酒宴乱行が露見するというスキャンダラスな事件が起こった。この密通事件では命婦讃岐の兄で、「日本一のいたずら者」と称された兼康備後が公卿と女官の間を周旋していたという。こうした過度の遊興が後陽成天皇の叡聞に達した。

すでに教利は慶長十二年(一六〇七)にも女官と密通事件を起こし、勅勘を蒙《こうむ》って京より出奔、行方知れずとなっていたが、太閤秀吉の時代にも淫行の噂があった人物で、その妻は加賀の前田利長の娘であったとされる。また、織田長益(有楽斎)の子長政が教利の逃亡に加担したことから罪に問われたとされる。風紀の乱れから、同日には禁煙令も出された。

同十四年九月十六日、教利は九州で捕らえられ、同十八日に京に護送された。この事件に対して、後陽成天皇は激怒され、罪状を糾明すべきとの旨を家康に諮問された。十月、教利及び兼康は死刑に処されたほか、大炊御門《おおいのみかど》頼国、松木宗信は硫黄島、花山院《かざんいん》忠長は蝦夷《えぞ》松前、飛鳥井雅賢は隠岐、難波宗勝は伊豆、女官五人は全員八丈島へ流罪に処された。また、烏丸《からすまる》光広と徳大寺実久は罪が軽いとして恩免の処置がなされたが、光広は「カブキ女ノ如ク、洛中ヲ出行ク」と嘲笑され、赦免後には「典型的な俗物」と酷評された（『徳川実紀』第一篇）。これら一連の事件は「猪熊事件」と呼ばれており、幕府はのちに「公家衆法度」「禁中並公家諸法度」の制定を通して、天皇・朝廷に対する規制を強化していった。

教利は山科《やましな》家の出であった。当主言経《ときつね》が勅勘を蒙り出奔したために同家の後継者となったが、家康の取り成しで言経が朝廷に復帰したため、やむなく分家し、猪熊小路に住したことから猪熊家を興した。公家の若手ホープとして左近衛少将に任官、時代の寵児として、『源氏物語』の主人公光源氏や、『伊勢物語』の在原業平にもたとえられた「天下無双の美男子」であった。彼の髪形や小袖の模様、帯の結び方といったファッションは「猪熊様《いのくまよう》」と呼ばれ、婦女子の憧れの的であった。ブロマイドともいうべき「写し絵」も描かれ、京のみならず田舎の果てまでこれが流布していたとされる。また、教利の屋敷は公家衆と女房たちの密会の場であったともいわれるから（中村『後水尾天皇とその時代』ほか）、彼もまたプレイボーイで、「かぶき者」の一人であったことがうかがわれる。

ところで、教利の妻は利長の娘であったため、教利が起こした一連の事件は前田家を震撼させたと思われる。『加賀藩史料』編外備考には、利長の娘について、

①満姫……母は不詳。慶長十六年(一六一一)二月二十一日歿す。享年不詳。法号は蓮成院。高岡元定塚に葬り、明治四十三年九月野田山に改葬。

②女子……父は宇喜多秀家、母は豪(利家の四女)。慶長五年母と共に金沢に来たり、利長の養女となった。藩臣山崎長郷(長徳の嫡子)に嫁し、長郷の歿後、藩臣富田重家(重政の嫡子)に再嫁。元和元年(一六一五)十月八日歿、享年不詳。法号は理松院、金沢卯辰妙泰寺に葬る。

③女子……父は寺西九兵衛、母は利家妹某。利長の養女として、青山吉次に嫁す。寛永六年(一六二九)六月十九日歿、享年不詳。法号は永寿院、金沢寺町全昌寺に葬る。

④女子……竹島殿と称す。藩臣長連龍の妹、あるいは連龍の女《むすめ》。利長の養女として、藩臣前田直知に嫁す。元禄四年(一六九一)十二月二十一日歿、享年不詳。法号は久香院、金沢六斗林開禅寺に葬る。

⑤女子……松。実父母不詳。玉泉院(利長夫人、信長四女永)の養女として、藩臣高畠定方に嫁す。寛永二年(一六二五)九月二十六日歿、享年不詳。法号は久皐院、金沢泉野寺町長久寺に葬る。

⑥女子……父は織田信雄。玉泉院の養女となり、藩臣生駒直義に嫁す。正保元年（一六四四）八月二十日歿、享年不詳。法号は高守院、金沢三構高巌寺に葬る。

と見えるが、教利の妻になった女子は、直接的には確認できない。

可能性としては①実の娘である満姫のほか、教利の逃亡に加担して罪に問われた織田長政が利長夫人の従弟に当たることから、夫人が養女とした⑤松、⑥女子も考えられるが、もとより猪熊事件などの不祥事に関する記事は見られない。

しかし、ほかに利長の周辺の女性について、夫教利を「かぶき者」とみて、これをキーワードに考えていくと、慶次郎の娘で、利長の侍女となった「お花の方」の存在が注目されよう。『本藩歴譜』などによると、彼女は利長の侍女として務めたのち、加賀藩の多賀左京に嫁し、その後、大聖寺藩士の山本弥右衛門に再嫁したとされるが、利長の侍女になった経緯については見られない。利長が「お花の方」を侍女にした背景には、あるいは、教利の処刑後、前田家から助命嘆願がなされ、彼女を一定期間は身近な所に置き、監視するためではなかったかとも思われる。

猪熊教利の境遇はまさに前田家で家督継承を約束されていたはずの慶次郎の立場と似通っているではないか。「お花の方」を媒介として、「かぶき者」同士の慶次郎と教利の間に何らかの親交があった可能性も見出し得るのではないだろうか。

加賀藩の「かぶき」禁止令

〔慶長六年五月の禁止令〕

加賀藩前田家の「かぶき」禁止令の一つとして、関ケ原合戦の翌年、慶長六年(一六〇一)五月、利長は喧嘩、徒党、賭博《とばく》、狼藉《ろうぜき》人等に関する十九ヶ条の法令を発布した(『万治已前御定書』)。そこには、

徒党を立てる者これあらば、聞き出し次第に、上下に寄らず申し付くべきの事

と見える。

この時期、利長は百二十万石の大大名となっていたが、領国内はけっして安定しておらず、風紀の乱れが依然として蔓延《まんえん》していた。徒党を組むことは、一向一揆の蜂起はもとより、喧嘩、賭博、狼藉人を生む遠因として禁止されたことをうかがわせる。

〔慶長九年十一月の禁止令〕

「豊国臨時祭」が挙行された慶長九年(一六〇四)の十一月、利長は藩士の服制に関する

三ヶ条の法令を出している（『国初遺文』）。すなわち、
①正月出仕の衣裳は有り合わせ次第の古小袖以下を着用すること。
②小身の輩が綾の小袖を着用することは領国内では停止《ちょうじ》、他国への供使いの時はその時の事情によること。付けたり、若党以下の綾の小袖着用は一切停止のこと。
③衣類の紋では、菊・桐紋は停止のこと。
と見える。

〔慶長十年六月の禁止令〕

慶長十年（一六〇五）六月十七日、市・坊に立てた高札では、辻斬り、「札を立ち並べての落し文（落書）」、夜中に路頭にて女を捕らえることをなす狼藉人に関して、同類であっても告発する者には、褒美《ほうび》として金子二十枚、あるいは悪党人の知行を宛行うとしている（『慶長以来定書』）。

同十九日には、さらに藩士、領民の風俗に関する法度七ヶ条を発布している（『万治已前定書』）。すなわち、下々の夜歩き・辻立ち・辻うたい・ほそり・辻尺八・辻相撲・辻踊り・頬かぶりの七種の行為が規制対象とされている。これらの行為が歴然ならば、その者は成敗すべきであり、その主人も過銭（罰金）を払うべきである。すなわち、知行五千石取

りより上の者は、銀子三枚ずつ、それより以下の知行取りは銀子一枚ずつを支払うべきであるとしている。

なお、「ほそり」は江戸初期の流行歌とされる「細節《ほそりぶし》」を指すと思われる。「ほそり」には他に忍びの者、間諜の意味もあるとされる（『日本国語大辞典』縮刷版）。

〈慶長十一年九月の辻斬り犯人に対する密告奨励〉

翌十一年（一六〇六）八月二十一日夜、金沢では才川口の実成寺へ強盗が押し入り、坊主を殺害する事件が起こった。また、同二十日夜には田井口で闇討ち事件などが相次いで起こったため、九月七日に加賀藩は、去年以来の当地で頻発する辻斬りとの関連があるとみて、犯人を知っている者の申告を求め、褒美として金子五枚の下付を命じた。さらに申告者がたとえ同類の者である場合でも返り忠（ここでは仲間を裏切り、藩命に従うことの意か）として、その咎を糾明しないと密告を奨励している（『万治已前定書』）。

〈慶長十五年の無頼の徒六十三人の処刑〉

ところで、慶長十五年（一六一〇）には、金沢及び高岡で無頼の徒六十三人が捕らえられ、死刑に処された。彼らは「かぶき者」と称されたあぶれ者であった。彼らの棟梁は利長

高岡城跡遠景（富山県高岡市提供）

の小姓長田牛之助、同乙部という者であった。牛之助は神尾図書《ずしょ》宅で、乙部は水原左衛門宅で切腹した。そのほか、石原鉄次（尾張の牢人、石原手筋之助とも）という牢人も同類で、上方へ向けて逃亡をはかったが、大正持（大聖寺）の関所で近藤大和の家来に討ち取られた。この知らせは高岡の利長にももたらされた（『菅家見聞集』『三壷聞書』）。無頼の徒＝「かぶき者」の中には石原のような牢人が数多くいたことがうかがわれる。

翌十六年（一六一一）と思われる一月十四日のづしよ（神尾図書）、中少宛の利長書状（『諸家所蔵文書写』）には、利長が、

「二十四、五人も（かぶき者を）はりつけにしたのは、少し多すぎはしないかと思う。江戸や駿府でも、かような者の改めがなされ、ご成敗もなされているであろうが、これほどの人数はないであろう。当所では人も少ないのに、少々不釣合いであるので、二十四、五人のうち、十五、六人もはりつけにかけ、残りの者は斬首に処し、首をかけてもよかったのではないか」

と、所存を述べている。

利長が磔刑《たっけい》に処した「かぶき者」の人数を十五、六人

に抑えて、残りを斬首刑にした方がよかったのではないかと心配したのは、当然、徳川の目を気にしたためである。「豊臣恩顧」を志向する利長の動向は、関ケ原合戦後の不安定な政局下にあって、徳川政権の重要な監視対象となっていた。処断された「かぶき者」の人数が多ければ、それだけ前田家は牢人を含む「かぶき者」を家中が多く抱え置いていたということを暗に示しており、いつ徳川から難題をかけられ謀反の咎を再び突きつけられることにもなりかねない。「家」を存続させるためにも利長は、徳川から無用の疑念を持たれることを避ける必要があったことは否めない。

〔慶長十六年七月・八月の禁止令〕

慶長十年(一六〇五)六月、利長は家督を異母弟利光(のちの利常)に譲り、越中富山城で隠居政治を主導していたが(同十四年に高岡城に移る)、同十六年(一六一一)五月には腫れ物が再発して一時重態に陥った。利長は自身の死後、前田家が進むべき道として、家康・秀忠の仰せ出しの置目遵守を利光に示すとともに、利光を支える四十二名の重臣らにも国務遂行上の諸事に関する七ヶ条を示して、起請文の提出を求めた(『国初遺文』『瑞龍公遺書』『前田家雑録』)。

その後、利長の病状は持ち直し、七月には隠居地の高岡城下に対しても三ヶ条から成

る高札を立てている(『万治已前定書』)。その中には、

一、家中の面々、また若党人以下、かぶきもの抱え置き候の事、申し出すといえども、なおもって堅く停止せしめおわんぬ。見付け聞付け次第に誰々たりというとも、その主人は曲言《くせごと》たるべき事

と見える。

この時期、利長が隠居する高岡の家中にも依然として「かぶき者」を抱え置く者がいた。高岡でも時折は辻斬り、火付けを為す悪党人が出没していたが、家中の面々が抱え置いた「かぶき者」こそがその元凶であると見なしていたことをうかがわせる。翌八月には金沢でも同様な高札が出されたほか、さらに「下々猥りの義」「若党・小者等に至るまでの『かぶき者』の抱え置き」「たば粉取扱い」の禁令確守を命じている(同)。

〔慶長十七年三月の「かぶき者」抱え置きに関する罰金細則〕

翌慶長十七年(一六一二)三月、金沢の利光は「かぶき者」を抱え置く家中の者に対する過怠金(罰金)について、詳細な法令を発布している(同)。それによれば、二万石より

以上は銀子三十枚、一万石より一万九千石までは銀子二十枚、五千石より九千石までは銀子十枚、三千石より四千石までは銀子五枚、千石より二千石までは銀子二枚とし、また自今以後は不届きの輩があれば、訴人の事情により身柄を差し出すとともに、抱え置いた主人は過怠金を支払うことを義務付けている。また、もしかような「いたづら者」の身柄を拘束して差し出すことがなければ、厳しく主人を詮索し、越度《おちど》として罰することとしている。

〔慶長十七年五月のキリシタンに関する禁止令〕

慶長十七年(一六一二)三月、幕府はキリシタン禁教令を発し、京の教会堂を破壊させた。また、キリシタン大名有馬晴信は旧領を恢復《かいふく》しようとし、本多正純の家臣岡本大八の奸策により、幕府から糾弾され、一時は甲斐に預け置かれた後、切腹を命じられた。また、岡本大八も罪を問われ、火刑に処された。

さらに、駿府の徳川家臣であった原主水ら十四名が、キリシタン宗徒であったことから改易、追放処分を受けた。同年五月十七日には、利光は領国内での彼らの抱え置きを禁止するとともに、彼らが名字や姿形を替えて領国に入り込むことを警戒し、由緒なき者に対しての宿貸し、隠し置きを厳しく禁止している(『加賀古文書』)。

この時期、「かぶき者」とともに、キリシタンも監視強化の対象となっていたが、「かぶき者」の中には、キリシタンとなっていた者もあった。

〔慶長十七年十月の禁止令〕

さらに、同年十月にも藩士の風俗に関する十一ヶ条の法令が定められたが（『万治已前定書』）、その冒頭には、

一、御家中の刀の事、侍・小者によらず、柄・鞘かけて三尺七寸、並びに脇指は二尺五寸に御定め候、もしこの外ながく致し候者これあり候はば、曲言たるべきの事

と見え、家中の侍・小者の太刀・脇指の長さを厳しく制限している。長太刀、長脇指を差すこと自体が「かぶき」であるという意識が浸透していたことをうかがわせる。

長太刀を差したかぶき武者
（『洛中洛外図屏風』左隻部分・勝興寺文化財保存活用事業団蔵）

なお、十一ヶ条の条文の後の文言には、

この外、あるいはかぶきもの共、徒党を立て候儀、あるいは辻切りを致す族《やから》を、聞出すにおいては、御昵懇《じっこん》の衆、御家中によらず、急度穿鑿を致し申し上ぐべきの由、御諚《おおせ》に候

と見えるから、利光は十一ヶ条の禁止条項を示すとともに、徒党を組む「かぶき者」や辻斬りをはたらく族の摘発のために、彼らを抱え置く主人は、たとえ昵懇の者や家中の者であっても厳しく詮索、糾明することを奨励しているのである。

高山右近銅像
（高槻市教育委員会提供）

〔慶長十九年三月のキリシタン高山右近らの追放〕

慶長十八年（一六一三）九月、幕府は再びキリシタン禁教令を発布し、弾圧も強化されていった。このため、翌十九年（一六一四）三月利長は領内のキリシタンを捕らえ、追放処分とした。利家以来、その律義さをかわれ重臣となっていた高山右近・十次郎父子や、宇喜多

久閑、品川右兵衛、柴山権兵衛らが追放されたほか、横山康玄《やすはる》の妻となっていた右近の娘も進んで父に従った。同年九月には右近ら国内のキリシタン百四十八人がマカオ、マニラに追放された。

〔慶長十九年十月の軍令〕

慶長十九年（一六一四）十月、大坂冬の陣に際して、利光は軍令十四ヶ条を発布した（『三壺聞書』）。第十条には、

一、牢人衆、誰々によらず、他所衆、当家の先手へ相加え候の事、一切停止の事

と見え、前田家の先手に牢人衆や他所衆を従軍させることを禁止している。これは牢人や他所からの衆が先手で手柄を立て、論功行賞や仕官の糸口とすることに一定の制限を加えたものといえる。牢人衆、他所衆と家中の者の接触によって引き起こされる「かぶき」行為、紛争に対する警戒心の表れであるともいえる。

〔寛永五年八月の禁止令〕

寛永五年（一六二八）八月、利光は金沢町に対して、町役の負担のほか、風俗に関する規定二十二ヶ条を制定したが（『国初遺文』）、その中に、

一、町中にて傾城並びに出合屋は堅く御停止候の事、

一、当町風呂屋に遣わす女の事、妄《みだ》りの作法これあるについては、宿主曲言《くせごと》たるべきの事

と見える。

「かぶき者」も出入りするであろう町中の傾城屋や出合屋を禁止することと、風呂屋に従事する女による過剰でみだらなサービスは、町中の風紀の乱れにも繋がることから、風呂屋の主の曲事《くせごと》とすることが明記されているのだ。

〔寛永八年四月の禁止令〕

寛永八年（一六三一）四月十四日、金沢城下より発生した火事は未曾有《みぞう》の大火となり、金沢城も焼失した（『三壷聞書』）。この直後、市中の動揺、風紀の乱れを心配した利光は

十五ヶ条から成る法度を発布した(『万治已前定書』)。この時も「かぶき者」のシンボルとされる長い刀剣、色鞘に対する規制が加えられ、若党・小者・草履取りの脇指の寸尺を柄から鞘までで二尺五寸以下に制限するとともに、色鞘を禁止としている。また「下ひげ」「大なでつけ」「なが刀」などの「かぶき」の風体、「出合屋」の禁止などが見られる。

禁止令発布の背景

以上見てきたように、関ケ原合戦の翌年から利長、利光(利常)は「かぶき」「かぶき者」及びこれに関わる事物の禁止令を頻繁に出しているのである。だが実際のところは、「かぶき者」の家中での抱え置きの禁止は容易には徹底せず、結局は抱え置いた主人に対する刑法上の処断は罰金刑の範囲に留まり、ほとんど功を奏さない状態であった。

そこには、前田家特有の事情が反映されていたと思われる。すなわち「かぶき」の御人であった利家以来の気風が、依然として家中に根強く残っていたのである。また、「家」存続のため、利長は建前上、あくまでも徳川への従属を表明する一方で、本音としては、政局の如何によっては反徳川に転じることも考慮しており、その場合に備えての軍事力増強の一助として、家中が牢人や「かぶき者」抱え置くことをある程度は容認していたことをもうかがわせる。

しかし、あえて本音を押し隠して親徳川の立場で「家」の存続、領国支配の安定を図っていく以上、牢人や「かぶき者」の存在は不都合なのであった。利長が関ケ原合戦直後の翌慶長六年(一六〇一)から頻繁に「かぶき」「かぶき者」に対する禁止令を出した背景も、どうやらこの辺にありそうだ。

また、秀吉から「かぶき者」としての天下御免の許しを得た慶次郎の動きに対して、父利家同様、利長も気を配らねばならなかったと思われる。出奔後も家中には慶次郎と親しい間柄の者も数多くいたはずだ。相次ぐ法令の発布が単に領国、家中の統制のみならず、少なくとも慶次郎の生前の内は、慶次郎の動きを監視し、牽制する上でも重要な要素となっていた可能性は否定できないのだ。

加賀出奔後の慶次郎の「かぶき」はより尖鋭化されていった。「かぶき者」から「いたずら者」への変化を、利家は寒中の冷水風呂で身をもって体験した。利家は慶次郎に対する危険視、警戒感を強めていった。利家の後、前田家を継いだ利長は、徳川政権とのにらみ合いの中で、「家」存続のため守成の立場に立ったから、慶次郎に対しては父利家以上に警戒、監視を強化した。

「かぶき者」から「いたずら者」に変貌した慶次郎の動向によっては、前田の「家」の存続も危ういのだ。関ケ原合戦直後から風俗に関する禁止令を頻繁に発布した背景には、家中のみならず慶次郎の動きに対する牽制を意識したことは否定できないといえよう。

江戸の「かぶき者」大鳥井逸兵衛

ところで、慶長十七年（一六一二）のこと、大鳥井逸兵衛という「かぶき者」が武蔵で召し捕らえられた。逸兵衛は二、三年前から徒党を組んでおり、江戸中の若衆やヒジを張っている下々の者までが、皆一味同心して「逸兵衛組」と号して、一同の思いをなし互いに血判の起請文を書いたとされる。それによると、

「この組中ではどのようなことがあっても、互いに身命を捨ててでも援助を惜しまないようにせねばならない。たとえ親類、父、主に対してでも思いを貫き、兄弟以上に頼もしくあるように」

と、申し合わせていた。

組の大将分は、大風嵐之助、天狗摩右衛門、風吹散右衛門といった厳つい名前を名乗っていた。江戸中に「かぶき者」が充満し、諸所で辻斬りが絶えず、喧嘩も数度に及んだので、ご法度が出され、下々で左様な者があったならば召し捕らえて斬罪を仰せ付けられるこ

となった。

そんな折、自分の家来が「逸兵衛組」の小頭であるということを聞き付けた主人の柴山孫作という男は大いに驚いた。他から訴人が出ない内に成敗する方がよいと考えた孫作は、三人の家来に命じて、この者を呼び出し手討ちにしようと準備を整えた。ところが、彼ら三人も実はかの者と同様に組に入っていたため、

「主命に従うことはできぬ」

と、申し合わせて誓書を書き、逆に主人の孫作を斬り殺して出奔したのだ。

主殺しをした逃亡者の宿を詮索していたところ、一味の悪党の名を列ねた帳面が見つかったが、その類は五百人余に及んだとされる。組の大将、大鳥井逸兵衛の宿は八王寺(八王子)にあり、召し捕らえようとしたが、逸兵衛は高幡不動堂(現東京都日野市)での相撲見物に出かけていた。このため、八王寺の町奉行であった内藤平左衛門が同地で逸兵衛を召し捕ったのだが、共に大力で相撲の達者であったから、大捕物となったとされる。

逸兵衛は江戸に引き立てられ、水責め、火責めの拷問を受けたが、同類の一人についてもけっして白状することはなかったという。逸兵衛は江戸市中を引き廻しの後、磔に処された。この後、逸兵衛と同類の米津勘十郎ら五名が流罪に処された。

逸兵衛はもともと本多百介の小者で、勘解由《かげゆ》という「いたずら者」の息子であった。

慶長の初めに秀忠公が上洛した折、百介の御供参りに従った。逸兵衛は伏見の御殿近くの辻にて起こった小者同士の争いをきっかけに一方の大将となり、法度に触れたことから佐渡に逃亡した。

同地の大久保石見（長安）の家中に抱え置かれ、辻喧嘩などで頭角をあらわし、代官の大久保信濃の目にとまり侍に取り立てられた。逸兵衛は天性の利巧者で、弓・鉄砲の上手であり、槍や兵法など侍の嗜みも残らず稽古したから、やがて中小姓に取り立てられ、乗馬も習得した。

その後、元の主人百介からの訴えで、逸兵衛は信濃の下から百介方に帰されることになった。逸兵衛はこの時、四、五人の小者を召し連れ、弓を持たせ、犬を引かせて乗りかけた。百介は逸兵衛の風体に驚き、衣服などを取らせて四、五日の内に信濃方へ送り帰した。この後、逸兵衛は信濃に暇を乞い、江戸に赴き、新たに「かぶき者」の組を成し、棟梁になったとされる（『慶長日記』『慶長年録』）。

逸兵衛のように小者の身から他家へ逃亡し、その気風や実力をかわれて侍や小姓に取り立てられる者もあったが、彼らの行動は、天性の利巧さや侍の嗜みとしての兵法全般に関する知識などの戦国的気風とともに、「犬を引かせて乗りかかる」（犬を引かせて、威嚇しながら傍若無人に振る舞いながらやって来るの意か）といった「かぶき」に裏打ちされていた。逸兵衛の「かぶき」は将軍のお膝元であった江戸で五百人余の「かぶき者」を組織するまでに至っていたのである。

前述の通り、加賀藩でも風俗禁止令を頻繁に発布していたが、これは大鳥井逸兵衛を大将に戴いた「逸兵衛組」のような、「かぶき者」の組織的な動きを危惧し、その抑制を意図してのものであった。

京での「荊組」「皮袴組」、江戸での「逸兵衛組」など、組織化された「かぶき者」＝「いたずら者」の存在は明らかに政治権力に対する挑発とみることができるのだ。大坂の陣の勃発時、豊臣方に味方して大坂城に入城した者たちの中には、豊臣恩顧の大名のほか、関ケ原合戦で西軍に属して改易され、リベンジを目指す大名と牢人化した旧家臣、弾圧の嵐にさらされたキリシタン、組織化された「かぶき者」も混じっていたようである。

大坂の陣は、表向き徳川と豊臣の最後の戦いとされるが、徳川政権とこれに抗する反権力の戦いでもあったのだ。反権力を象徴する「かぶき者」「いたずら者」の先駆として、秀吉から天下御免の免許を得た慶次郎の軌跡を意義付けることは十分可能であろう。

慶次郎の人物像と記録

多くの逸話に彩られた慶次郎の人物像が全て実像なのだろうかというと、答えは否である。今日に伝えられた慶次郎の人物像は、実像を超越して、理想的な「かぶき者」としてこうあって欲しいという後世（現在も含めて）の人々の願いをもとに作り上げられた虚像の部分を大いに装っているといえるだろう。

慶次郎の人物像を最も早い時期に紹介した記事は、米沢藩の『上杉将士書上』『北越耆談』であろう。『上杉将士書上』は奥書によれば、慶長二十年（一六一五）三月に米沢藩士清野助次郎、井上隼人正《はやとのかみ》の両名が書き記したものが、寛文九年（一六六九）五月に幕閣の酒井忠清を通して幕府に献上され、林春斎『本朝通鑑』編修のための参考とされたと考えられている（井上『上杉史料集』下解説）。

ところが内容を見てゆくと、慶長二十年に清野・井上が書いた文章（前半部に該当する）を、寛文九年の献上に際して千賀源右衛門が点検、清書し、新たに後半部を書き記した形跡のある構成となっているのだ。牢人衆に属した慶次郎の記事は、後半部の最末の謙信の漢詩、和歌などの直前に見られる。

『北越耆談』は寛文元年（一六六一）二月に、同藩士であった丸田左門友輔が成稿したものである。内容は川中島合戦、謙信・景勝の逸話のほか、上杉将士のことなどについて、古老よりの伝聞などを集めたものとされており、慶次郎の記事は、『上杉将士書上』とほぼ同様である。以上の点から、米沢藩では上杉家に仕官した後の慶次郎の話はすでに慶長末年には出来上がり、寛文年間(一六六一～七三)には基本的な骨格が整備されていたとみられる。

両書の慶次郎に関する記事について概観すると、次のような内容である。

①慶長三年(一五九八)景勝の会津移封に際して蒲生家をはじめ、関東、上方から牢人が召し出され、慶次郎は上方者の一人であったこと。

②慶次郎が景勝に初出仕した際、「穀蔵院ひよつと斎」を名乗り異形の容姿であったこと。

③慶次郎は詩歌の達者で、直江兼続も学者であり、両人の仲はよく、直江宅で『論語』『源氏物語』の講釈をしたこと。

④慶長五年(一六〇〇)の最上口での合戦で高名をあげたこと(この内容に最も誌面を割いている)。

⑤関ケ原合戦後、景勝の米沢転封に際して、他大名からの仕官のスカウトをことわり、景勝への忠義を貫いたこと。

⑥慶次郎は一生妻子を持たず、寺の住持の如く在郷へ引きこもって、弾正定勝の代に病死したこと。

⑦慶次郎は連歌を嗜み、里村紹巴から褒められた句が多かったこと(一句が掲げられている)。

この両書には景勝への仕官以前の慶次郎についての記事は全く見られない。また、最上口の合戦における戦功が主眼となっている。なお、慶次郎が一生妻子を持っていなかったというのは誤りである。

慶次郎の終焉地を米沢とする説についても、詳細な記事は見られない。また、景勝の子定勝の代に病死したというのも、米沢側の慶長十七年(一六一二)六月四日に死亡したとする説(『米沢里人談』『米沢地名選』など)とは合致しない。さらに、景勝が死去するのは元和九年(一六二三)三月二十日で、定勝が家督を継承するのはそれ以降であることから(『藩翰譜』)、『上杉将士書上』『北越耆談』でいう慶次郎の病死が定勝の代(元和九年以降)という説と慶長十七年六月四日説とは記事の上で矛盾が生じてくるのである。

さらに武辺物で知られる『武辺咄聞書』『常山紀談』にも慶次郎の記事が見える。『武辺咄聞書』は奥書によれば、延宝八年(一六八〇)仲冬(十一月)に近江大津住人の国枝藤兵衛入道清軒によってまとめられたものである。藤兵衛の祖父松本木工之助《もくのすけ》は上杉譜代の家臣であったが、最上口の長谷堂合戦で戦死したとされる。同書を構成する伝聞の多くが上杉家の事跡を書き載せたものであり、『上杉将士書上』『北越耆談』を参考としていたことがうかがわれる。

また、『常山紀談』は備前岡山藩士であった湯浅常山(新兵衛元禎)の手になる。数巻に元文四年(一七三九)常山三十三歳の時の自序が見られ、その後、巻を重ねて三十年を経た明和八、九年(一七七一・七二)に全二十五巻の浄書がなされたが、出版されたのは文化・文政年間(一八〇四〜三〇)のこととされる(岩波文庫本。同書の解題による)。

一方、加賀藩関係の記録類では、本書冒頭で紹介した『本藩歴譜』の成立が天保九年(一八三八)十二月、十三代藩主斉泰の時である。同書に見られる慶次郎の記事に傍証や反証などとして引用されたものには、『高徳公譜略』『壬子集録』『春日山日記』『武辺咄聞書』『米沢志』『混見摘写』などがある。またこのほか、『加賀藩史料』所収で慶次郎の逸話を紹介した文献としては『考拠摘録』『桑華字苑』『雑記』『重輯雑談』『三壷聞書』『可観小説』『無苦庵記』などがある。

このうち、『壬子集録』は壬子の年(寛文十二年・一六七二)に集成された記録で、別名は『古老旧聞』と称された。『混見摘写』は加賀藩士伴八矢の与力、吉田守尚が寛保元年(一七四一)から安永四年(一七七五)までの三十五年間に輯録《しゅうろく》したもので、織田・豊臣・徳川・前田氏らほかの武事、奇談、古人の評論などをまとめたものとされる。

『考拠摘録』は幕末から明治に生きた加賀藩士森田平次（柿園）が編纂した記録である。『桑華字苑』は前田綱紀が寛文十二年（一六七二）から享保九年（一七二四）以前にかけて語句、群書の要文、探索書などについて手書したものである。『三壷聞書』は加賀藩宰領足軽であった山田四郎右衛門が宝永年間（一七〇四～一一）に編纂、三代藩主利常までの記事を集めたものである。『可観小説』は藩主綱紀の近臣青地礼幹（～一七四四）の著書で、著者の見聞、読物の抜粋、他者からの消息などを集めたものである。

以上の点から、慶次郎に関する加賀藩側の記録の成立は寛文（十七世紀後期）以降のことであり、総体的には『春日山記』『米沢志』などの米沢藩関係の記録、『武辺咄聞書』なども参考にしている。

加賀藩ではまた、名君と称された五代藩主綱紀の時代（十七世紀中期～十八世紀前期）に、藩の成立、前田家の出自、藩祖利家以来の来歴の解明が政治的にも必要となってきた。その際、副次的に利久・慶次郎父子の動向の一端も聞き取り調査で判明してきたことがうかがわれる。しかし、尾張荒子の領主から加賀百万石の大名に成り上がっていった利家、守成に生き「家」存続に腐心した利長にとって、同時代を生きた「かぶき者」慶次郎の存在自体が都合の悪いものであった。慶次郎の生前から、家中では関わりを持つことや、慶次郎について語ることは禁忌となっていたから、慶次郎にまつわる記録はすでに抹殺される運命にあったといっても過言ではない。

したがって、歴史の中に一旦は埋没していた利久や慶次郎に関する記録の掘り起こしとして荒子村周辺の踏査をするほかは、米沢藩の記録類に頼らざるを得ないという状態であった。すでに、この時点で慶次郎の事跡を確かに裏付ける史料の収集は限界に達していたのだ。

換言すれば、前田一族でありながら、慶次郎に関する記録が余りにも少な過ぎるということは、それだけ慶次郎についての禁忌が、利家から利長の時代には家中で徹底していたことを示す証左ともいえるのだ。同時にこのことは、慶次郎の人物像をぼやかす結果となって、今日に至っているのだ。

十一、終焉と子供たち

利長隠居、村井長頼の死

慶長五年（一六〇〇）の関ケ原合戦で東軍に属した前田利長は戦後の論功行賞で、不戦の態度をとった弟利政の領地であった能登一国のほか、加賀小松の丹羽氏領、大聖寺の山口氏領を加増され、加賀・能登・越中三ヶ国で百二十万石を領する大大名の地位を確保した。翌六年（一六〇一）九月末、利長の弟利光（のち利常）に、家康の孫娘珠姫（子々姫とも）が輿入れし、姻戚関係を背景とする徳川・前田両氏の新たな政治的な関係が結ばれた。

同八年（一六〇三）三月、家康は征夷大将軍の宣下をうけ、江戸に幕府を開設、同十年（一六〇五）四月には将軍職を秀忠に譲り、大御所政治を開始する。同六月には、利長も弟利光に家督を譲り、越中富山城に移って隠居政治を開始、政局は新たな段階に入った（同十四年高岡に新城を築城、同十九年五月同城で病死、享年五十三。法号は瑞龍院聖山英賢大居士）。

村井長頼墓
（金沢市野田山）

慶次郎のライバル利家の股肱の臣村井長頼は利家が死去する以前にすでに隠居し、伏見に屋敷を与えられてそこに住んでいた。芳春院(利家夫人松)が人質として江戸に赴く際、「をさめの奉公」として随行したが、慶長十年(一六〇五)十月二十六日に江戸で病死した。享年六十三。法号は相光院殿で、金沢野田山の利家墓所近くに墓がある。

利長が隠居し、村井長頼が死去した慶長十年、慶次郎も波乱に富んだ生涯に幕を下ろす時が近づいていた。

終焉地をめぐって

慶次郎の終焉地、没年、享年については諸説がある。終焉地についても、大和苅布、出羽米沢、陸奥会津など、様々な候補地があげられている。昨今、慶次郎に関する図書が数多く刊行されている。終焉地、没年、享年に関しては、大和終焉説と米沢終焉説の両説を紹介したものが主流であるが、どちらかといえば米沢終焉説を支持する傾向にあるように思う。

『加賀藩史料』によると、慶長十年(一六〇五)十一月九日、大和苅布(当麻寺《たいまでら》近く)にて死去、享年七十三。享年から換算すれば、誕生年は天文二年(一五三三)となる。

米沢方の史料によると、慶長十七年（一六一二）六月四日、米沢にて死去。別の史料では誕生年は天文十一年（一五四二）頃とされているが、享年がはっきりしていない。

米沢終焉説が支持されている背景には、『上杉将士書上』に、

景勝、米沢へ移り候節、諸家にて招き候へども、望なしと申して、妻子も持たず、寺住持の如く、在郷へ引込み、弾正大弼定勝の代に病死仕り候

と見えることや（『上杉史料集』下）、米沢には慶次郎ゆかりの品々が残され、遺跡も数多く確定されているためである。

一方、加賀藩側の史書に見られる大和終焉説は、記事に出てくる墓石が確認できないことや、事実経過に誤りがあるという点が指摘されている。これについて、従来、記事そのものに関して、具体的な内容紹介や説明をしたものがほとんど見られなかった（近年刊行された今福『前田慶次』は、加賀藩側の史料も丹念に取り上げている点で評価すべきであろう）。

さらに、「領主の一族として加賀藩が慶次に関する来歴」について「加賀藩ではむしろ記録を避けているようにさえ見える」として、これを慶次郎の前田家からの出奔と無縁

でないとする指摘がある（戦国歴史研究会『前田慶次』）。

実はこの指摘こそ、本書で大和説を重視する契機となった。加賀藩側の史料には、何ゆえに慶次郎の記事が少ないのか。逆説的に、慶次郎が加賀藩主前田家の一族であったがゆえにこそ、記録が残されなかったのではないか。

慶次郎の出奔を機に「かぶき者」から「いたずら者」の極致に至った彼の奇行は、前田家の存亡をも左右する問題をはらんでいたのではないか。慶次郎は加賀藩祖利家・利長父子にとって、危険分子ともいうべき存在であった。それゆえ、慶次郎は家中からも憚られ、もともと存在したはずの記録類も、あえて残されなかったのではないか。

当時の人々の記録は確かに我々に史料を提供しているが、彼らはそのために記録を残したわけではない。政治的色彩を帯びた機密性を有する記録は、時として消し去られるのが自然なのだ。勝者として「光」の部分を歩み、百万石大名に成長した利家・利長父子にとって、不都合な「闇」の部分ともいうべき利久・慶次郎関係の記録類は、場合によっては必要ないのだ。荒子城明け渡しから能登行きまでの利久・慶次郎父子の動向、慶次郎出奔後の動向が空白に近い状況にあるのも、その辺の事情を反映している。

加賀藩前田家が同藩の記録類の収集、整理、編纂に本格的に取り組み始めるのは、名君と称された五代藩主綱紀の時期である。そこで前田家の来歴の調査のため、本領地であった尾張荒子村、藩祖利家の生年や業績の掘り起こしが行われ、その過程で、埋没していた利久・慶次郎父子の動きが改めてクローズアップされてきたものと思われる。その点で、逆に数少ない慶次郎に関する記録に留意すべき点が隠されているのではないかということから、改めて大和説を重視したいのだ。加賀藩側の記録には、ともかく慶次郎の没年月日、享年、終焉地がはっきり記述されているのだ。

逸話⑯ 「寝たき時は昼も寝、起きたき時は夜も起きる」

ところで、慶次郎が信濃の善光寺に滞在した時の作と伝えられる『無苦庵記』には、

「そもそもこの無苦庵は、孝を勤むべき親もなければ、憐れむべき子もなし。心は墨に染ねども、髪結うがむづかしさに、つむりを剃り、手のつかい奉公もせず、足の駕籠《かご》かき小揚げやとわず。七年の病なければ三年の蓬も用いず。雲無心にして岫《みね》を出るもまたおかし。詩歌に心なければ、月花も苦にならず。『寝たき時は昼も寝、起きたき時は夜も起きる』。九品蓮台に至らんと思う欲心なければ、八万地獄に落つべき罪もなし。生きるまでいきたらば、死ぬるでもあろうかと思う」

とあり、「無苦」の境地に入っている。極楽往生を願う欲もなければ、八万地獄に落ちるほどの罪もない。生きるだけ生きたら、あとは死ぬだけのこと。そこには、「生」に対す

る執着もなければ、「死」に対する恐れすらないのだ。

慶次郎は「無苦庵」と名づけた庵に陰棲したという。『無苦庵記』は同庵にかけられた壁書で、隠遁生活を如何に暮らすかといった規式を書いたものである。親もなければ、子もない。天涯孤独となった慶次郎の心象風景は「無苦」であり、何のストレスも感じられない。一日の生活はまさに、

「寝たき時は昼も寝、起きたき時は夜も起きる」。

あとは、天が自分を生かし、時期が来れば死が訪れるのみであるとしているのだ。なお、『伊勢物語』二段には、

「起きもせず寝もせで夜をあかしては　春の物とてながめ暮らしつ」

という和歌が見える。

ところで、米沢では堂森善光寺付近に「無苦庵」があったとされる。また、同寺南東の森の中に「慶次清水」がある。さらに同書の作者は江戸初期の日蓮宗の僧、深草の元政上人とする説もあるが（今福『前田慶次』）、不明な点も多い。

大和苅布に死す

慶次郎の終焉地について、『考拠摘録』所収の「野崎八左衛門知通筆記」には、次のように見える（意訳）。

利卓公（慶次郎）は実は滝川左近将監一益の弟（マヽ）である。利久公の養子となされた。利卓公は心たくましき猛将であった。事情があって牢人となってしまわれた。そのわけには一つの願望があったが、その意趣については秘密とされ、ここでは語らない。

とは言うものの、世も末となり、次第に衰えるのも道理によって、気分がすぐれる日などはありはしない。もしくは、利長卿にも背くこともなされなければそれで良いのだが、ただ自身の望みを遂げようと、利長卿に従うこともなされなかった。あまつさえ戦いを好んで、後々は景勝（上杉）などの陣中に至り、上杉と心を共にした。望みも後になると恨みに変わって、種々の悪業を尽くされた。よって、利長卿よりもたびたび注意をされた。

利卓公は年をとって痞病《ひびょう》（飲食時に胸がつかえる病か）を発した。時に病を治療するためと号して、大和を経て洛中に到ったが、種々の罪を犯し、他人を惑わせるといった振る舞いをなしたゆえ、世の人は皆これを憎んで、加賀の利長卿に訴えたのだ。これを聞いた利長卿は一層強くその行為を批判されたので、慶次郎は洛中に居ることは叶わず、大和の苅布に蟄居された。

年をとり、病状も重くなったから、自ら入道して『龍碎軒不便斎』と号されたのだった。不便斎はこの時に至り、利長卿から自身（慶次郎）を監視するように命じられていた浅野・多羅尾・森の三人を加賀の利長卿のもとへ戻された。ただし、私（知通）も利長卿より（慶次郎に）添えられたのであるという理由から、

『我らの死後を見届けるべし』

と帰国を留められた。そのため、私と下部二人が給仕をして月日が経った。不便斎の病状は次第に悪化し、治療の甲斐もなく、慶長十年十一月九日巳の半刻（午前十一時頃）に、享年七十三にて亡くなられたのである。

苅布の安楽寺に葬ったが、その林中に一つの廟を築いた。そこに四方四尺余、高さ五尺の石碑を建立し、銘には『龍碎軒不便斎一夢庵主』と記した。ただし、俗の姓名ならびに落命した年号月日は事情があって記さなかった。それゆえ、利卓公の死んだ所を知る者なしといわれるのである。大和国苅布村という所は、同国の旧跡である当麻寺の山を左に入り西へ二里行くと茂林という里があり、それより南へ一里の所にある。

右の件について、私(知通)が遺言したいことは、利卓公に添えられて、同公の一生の有様を知り、亡くなった時の様子も知っていることだ。他に知っている人は誰もいない。戸田氏はすでに私の主となっている。まさに利卓公は(戸田)弥五兵衛殿の外祖父に当たるが、同公の巡忌(回忌を重ねること)や旧忌をこの家(戸田)で執り行ったことはない。ただ、私が死んだ後、汝(弥五兵衛)が知らないと言うなら、同公(慶次郎)から、

「知通よ、我らのもとで何を勤めておったのじゃ」

と云われるようで、ここに、久しく苦心して勤めてきたことも空しくなり、あまつさえ他の嘲りをあえて求めることになるだろう。また、同公の骸に対しても異笑をつけること(慶次郎に対しての間違った評価や嘲り)は甚だ口惜しいことでもある。よって、十分の一といえども、(その真実として)ただその屍の葬地、落命の月日を一息一言にしてここに残した次第である。

私にとっては旧忌追善の種と思うのみである。利長卿の命を奉じてより、同公(慶次郎)のことは、右、皆秘すようにという云われもあれば、そのことを汝(弥五兵衛か)はよく思うべきである。今の私(知通)の遺言を耳で聞き、また口伝で(秘かに子孫に)必ず伝えるべきである。(大和の)かの地に赴くことがあれば、間違えて通り過ごすことのないようにと後々の子孫へも秘かに伝えるべきである。以上。

承応元年正月　　　野崎八左衛門知通七十七歳述書

すなわち、「野崎八左衛門知通筆記」は、七十七歳の野崎八左衛門知通なる武士が主人戸田弥五兵衛に宛てた遺言を「述書」(口述筆記)の形式でしたためたものである。なお、同記録の奥書の年次は承応元年(一六五二)正月となっているが、承応改元は同年九月である点で問題がないわけではない。もっとも、当初は「正月」と記され、後に「承応元年」が書き加えられたか、『考拠摘録』という一書にまとめられる時期、ないしはそれ以前に年次を含む奥書が書き加えられた可能性もあるのだが。

とまれ、慶次郎の話をすることは、加賀藩家中にとってはいわば禁忌の一つであり、利家・利長父子の手前、憚るべきことであった。利長に仕えて以来、八左衛門もそのような環境のもとで奉公に努めた。その後、七十七歳になった八左衛門が自身の死期を悟り、あえて禁忌を犯して重い口を開き、主人で慶次郎ゆかりの戸田弥五兵衛に遺言として、慶次郎の大和陰棲に至る経緯、臨終、葬礼の一端を生々しく記しているのだ。

この遺言には史実とくい違う点も見られ、そのため本当に八左衛門が慶次郎の最期を看取ったのかどうかは疑わしいとする指摘もある。だが七十七歳といえば高齢であるから、記憶の上で事実経過に多少の誤認があっても何ら不思議ではない。したがって誤謬《ごびゅう》の存在は、高齢の八左衛門が慶次郎の最期を看取ったことを否定する根拠にはならないのだ。

老齢で病身の慶次郎が、利長の命により京洛の地を追われ、利長が派遣した浅野、多羅尾、森、さらに八左衛門らの監視の下に置かれる。そんな慶次郎の大和での暮らしぶりは、自由を束縛され退屈を感じる彼自身が号した「不便斎」に集約されているともいえる。その後、慶次郎は浅野、多羅尾、森の三人の監視役を利長のもとに帰したが、慶次郎のお名指しで、八左衛門が病身の慶次郎を最期まで看取ったのである。

終焉地の環境

終焉地、苅布安楽寺周辺の地理的環境については、金剛山系に連なる二上山の東麓に位置し、同山の南を古来大和から河内に至る竹ノ内街道が通る。また二上山頂には、飛鳥時代に謀反の咎で死を賜った大津皇子（天武天皇の第三皇子）の墓がある。皇子は幼時より文才に秀で、漢詩、和歌に長けた。『懐風藻《かいふうそう》』には漢詩四篇、『万葉集』には石川郎女《いらつめ》との贈答歌、死に臨んで磐余《いわれ》の池で詠んだ歌など四首の作品が収録されている。皇子はその一方で放蕩であったが、法度にこだわらず節をゆるめて、下士に対し親しみをもって礼遇したことから、多くの人々に慕われたとされる。

落日の二上山(奈良県葛城市提供)

この点で、「かぶき者」を貫いた慶次郎の性格と似通ったものが感じられる。想像をたくましくすれば、あるいは、文学の素養のあった慶次郎は自身を大津皇子の生き様に仮託し、利長からの大和蟄居命令を受けて、自らの終焉地をこの二上山麓に望んだのではないかとも思われてくる。

慶長六年(一六〇一)、紀伊和歌山城主であった桑山一晴(一五七五〜一六〇四)がこの地に近い葛下郡布施に移封された(一万六千石。のちの新庄藩)。一晴の叔父貞晴(一五六〇〜一六三二)も大和で二千五百石を拝領したが、宗仙と号し、茶人としてその名が知られる。千道安(利休の子)に師事したが、当初は古田織部とは不仲であったから、細川三斎(幽斎の子忠興)が仲をとりもったとされる。慶次郎に対する監視について、あるいは利長から桑山一族への依頼もあったのではないか。

なお、終焉地を苅布安楽寺周辺とする説に対して、同寺の所在が不明確で、安楽寺という寺院も見あたらないことから、葬地を当麻寺の東方約二〇キロメートルに位置する宇陀郡菟田野《うだの》町古市場の安楽寺に推定する説も出されているが(今福『前田慶次』)、私はあえて特定を避け、当麻寺の西方、二上山の東から南麓付近と考えている。その方が「かぶき者」の極致を生きた慶次郎の終焉地にふさわしいのではないかと思うのだが……。

野崎八左衛門と野崎一族

野崎八左衛門という人物については、詳細は不明だが、八左衛門の遺言状などから、もとは利長の家臣であった。慶次郎の死後、慶次郎の娘婿戸田弥五右衛門（政秋、方経とも）、その子弥五兵衛に仕え、承応元年正月、「野崎八左衛門知通筆記」を弥五兵衛に遺言として進上した。憚りのあることだが、慶次郎の没年月日、葬地などを、その血縁に連なる戸田家の弥五兵衛に秘かに告げ、同家の子孫代々へ口伝《くちづ》てするよう遺言しているのだ。

なお、加賀藩士の家として、野崎氏には惣八系、一斉系などが知られる。惣八系は九郎左衛門を祖とする。九郎左衛門は尾張を生国とし、前田源峰（利家の婿、対馬守長種）に百五十石で仕え、その子五兵衛は五百石を拝領して、前田対馬守家の家老となった。また、一斉系は本姓を広橋と称した。広橋内府兼勝の子一斉は利常（利光）に仕えた。室は信長の家臣であった野崎善右衛門の娘で、子の主税《ちから》は尾張藩士となり、主税の弟市郎左衛門兼通も野崎氏を称して加賀藩士となり、二百石を給付された（『諸士系譜』『角川石川姓氏歴史大辞典』)。

ところで、一斉が広橋兼勝の子であれば、あの一大宮廷スキャンダルとなった猪熊教利の事件で八丈島に流された女官広橋局の兄弟ということになる。八左衛門と一斉の関係は不明だが、慶次郎―野崎八左衛門―野崎(広橋)一斉―広橋局―猪熊教利といった一連の人間関係も垣間見られるのではないか。

慶次郎の子供たちと子孫

加賀藩の関係史料(『本藩歴譜』『前田氏系譜』)では、慶次郎には一男五女の子供がおり、母は前田安勝(利久の弟)の娘とされる。なお、『前田慶次郎伝記』奥書には、一男三女が見え、

某　安大夫
女　名坂　方秋妻
女　北条主殿《とのも》嫁
女　名佐野　山本勘解由《かげゆ》嫁

右、方秋は戸田弥五左衛門也、

とある（『温故集録』）。

嫡男　安大夫正虎

嫡男の安大夫正虎は二千石を拝領したとされるが（『本藩歴譜』）、慶長九年（一六〇四）閏八月二十五日に利長から能登国内で二百石を給付された文書が残っているとされる（日置『加能郷土辞彙』。なお、二百石は堪忍分とする説もある）。正虎は本阿弥光悦に師事して書を学んだとされるから、一時期は在京していたことが考えられる。のち父と同じく牢人となり、能登七尾で没したが、没年や享年は不明である（『本藩歴譜』）。後嗣《こうし》もなく、慶次郎の男系は断絶した。

ところで、慶長七年（一六〇二）七月、前田利長と津軽為信の家臣の間で乱闘事件が、同十年（一六〇五）五月にも豪姫（利家の四女で、宇喜多秀家の夫人）の近習と近衛家の小姓との間で傷害事件が起こり、京都所司代の裁定がなされている（『時慶記』など）。これらの傷害事件に正虎が関わった可能性もあり、正虎は慶次郎の血を引く「かぶき者」であった可能性も高い。あるいは、慶長七年七月の事件については、米沢から上京した慶次郎自身がこれらの事件に関わったがために、大和陰棲を利長から命じられた可能性もあると思われる。

なお、正虎の終焉地が七尾であることから、母方の祖父五郎兵衛安勝、伯父修理利好父子の援助を受けていたものとみられる。正虎の母（慶次郎の室）は利長の時代に領知百五十石を下されたとされる（『富山藩士由緒書』）。

正虎の祖父や伯父は一万三千七百石を拝領し、七尾（小丸山）城代を務め、領国にあって利家・利長父子を支えた。祖父安勝は文禄三年（一五九四）五月に、伯父利好は慶長十五年（一六一〇）二月に没した。

利好の後嗣となったのは、利家の三男、修理知好であった。知好は山城北野の生まれで、母は側室金晴院（小幡内匠《たくみ》の養女で、名は存）である。七尾城代の職を継いだほか、大坂の両陣では殿軍《しんがり》の将を命じられた。ところが、元和の一国一城令で七尾城が廃城となったことから、元和二年（一六一六）に致仕して鞍馬山に蟄居し、同八年（一六二二）に京に出て有庵と称した。寛永三年（一六二六）十月、利光より帰国を命じられたが、近江今津で発病した。同地にしばらく逗留したが、同五年（一六二八）六月に京で没した。享年三十九歳、大徳寺正受院に葬られた。

その子知辰は鞍馬で誕生し、のち五千四百石を賜り、利常（利光）が小松で隠居していた際の執政の一人となった。子孫は前田家の家老修理家となった。正虎や妹たちの生活は七尾城代となった安勝—利好—知好らに支えられていたが、元和の廃城令が彼らの生活を一変させたことは想像に難くない。なお、正虎が前田家の草創を記した「前田安大夫筆記」の奥書には「于時、元和元年九月三日書之者也」と見えるから(『温故集録』一)、正虎は七尾廃城の前後の状況を身近で見聞していたことがうかがわれる。

長女「お花の方」

長女は「お花の方」で、初め利長に仕えたが、のちに有賀左京直治に嫁し、さらに大聖寺藩士山本弥左衛門に再嫁したとされる。だが、前述の如く、私は彼女がそれ以前に公家猪熊教利の妻であった可能性を考えてみた。

なお、前述の通り「野崎八左衛門知通筆記」には間違いも多く、信憑性に問題があるといわれるが、その間違いの一つは、前掲の内容の以前、冒頭に慶次郎の息女「於華」と戸田左衛門尉方邦の縁談の話が出てくることである。

同記録によれば、その経緯の概要は次のようである。慶長五年(一六〇〇)、尾州宮(熱田)の海の渡りの船中でのことであった。関ケ原合戦の折、軍を分けて利長が宮の渡しから桑名に向かう際に、戸田が殿《しんがり》を仰せ付けられた。この時、慶次郎が娘のために縁談をまとめようとした。

野崎の記憶違いとして、第一に関ケ原合戦時に利長が同地に赴いたとは到底考えられない。利長は同合戦の代理戦として、金沢から出陣して山口氏の拠る加賀大聖寺城を陥落させこれを滅ぼし、越前に進攻したものの一旦は軍を反転させ、小松近くの浅井畷合戦で丹羽軍の攻撃を受けたことが知られるから、宮の渡しから桑名への航行はあり得ない。第二に慶次郎も上杉氏に仕官し、翌六年（一六〇一）にかけて米沢、会津方面で戦っているから、同地に赴き利長主従に遭遇することはあり得ない。第三に「於華」と戸田氏の縁談についても、戸田が後に妻に迎えるのは慶次郎の五女であり、「お花の方」ではないのだ。それゆえ、『加賀藩史料』はこの部分を省略して掲載しているのだ。

それでは何ゆえにこのような誤謬が生じてくるのかといった疑問が生じる。高齢であった八左衛門が単に耄碌していただけなのかということになるが、同記録の後半に見える、加賀藩にとっては禁忌ともいうべき、慶次郎の終焉地と死の問題を考えると、そこに何か、あえて事実を曲げてまで書き記さねばならない事情があったのではないか。さらに「於華」＝「お花の方」の立場にも政治的な状況を考えさせる何かがあったのではないか。その一因に猪熊事件が絡んでいるのではないかと私は思うのだが……。

次女　北条主殿室

次女は北条主殿《とのも》（采女《うねめ》とも見える）に嫁した。主殿は武蔵鉢形城（現埼玉県寄居町）主であった北条氏邦の子であった。秀吉の関東攻めの際、降伏した氏邦を利家は助命に努め、のちに食客として千石を禄した。主殿は大徳寺の喝食《かっしき》となっていたが、父の死後、還俗させて父の遺知千石を与えられ主殿を称したが、後嗣なく断絶した。主殿と慶次郎の次女の間には「かめ」という娘があった。彼女は利常に仕えたのち、寺西彦丞（十蔵とも）の妻となったとされる。

なお、利家が北条氏邦・主殿父子に知行を与えて処遇した背景には、関東に入国した家康とことを構えることになった際には、前田家が抱えておいた北条、大道寺両氏を旗頭として、北条旧臣らに関東で反乱を起こさせ、家康の動きを牽制するといった目論みがあったとされる（『亜相公御夜話』）。

三女・四女

三女は長谷川三右衛門（『諸士系譜』では利家に仕えて千二百五十石と見える）の、四女は平野弥次右衛門（弥右衛門とも）の妻となったとされる。

五女 戸田弥五左衛門室

五女は戸田弥五左衛門政秋（弥五右衛門とも、方経とも）に嫁した。政秋は初め加藤嘉明に仕えた後、利常、利次に仕え富山藩士となった。政秋には二人の娘があった。長女は長谷川大学重優に嫁した。次女は今井という。奥女中となり、初め千代姫（利家の七女）に仕え、後に利常、綱紀に仕えた。姉の子である長谷川小源太重方がかつて奥小姓に召し出されたことから、今井がこれを養子とし、二百五十石を賜った。だが早世して子もなかったので、今度は重方の妹を養女にし、津田宗七郎の次男を娘婿に迎えた。この娘婿は戸田靭負直方と称したとされる（『本藩歴譜』）。

加賀藩『諸士系譜』によれば、弥五左衛門は三百五十石で前田利常に仕え、以後、弥五左衛門—女—靭負方徳（七百石）—斎宮方副—小源太方仲—斎宮方重—治兵衛方元—右近と見える（『角川石川県姓氏大辞典』）。

一方、『富山藩士由緒書』によれば、戸田豊太郎家（禄は三百五十石から千石）の初代は弥五左衛門方勝の父、磯村五郎兵衛である。生国は近江で、五千石を有したとされる。方勝は初め加藤嘉明に仕えたが、牢人して加賀金沢で慶次郎の娘を妻とし、加賀三代藩主利常に仕え、戦功により三百五十石を拝領したとされる。その後、正虎が病死したため、知行二百石が義弟に当たる方勝に与えられた。さらに、正虎らの母に下し置かれていた百五十石も与えられ、都合三百五十石となった。方勝は寛永十六年（一六三九）三藩分封の際、初代富山藩主利次（利常次男）に付けられ足軽二十人を支配した。記事の内容から、前述の政秋（方経）＝方勝と考えられる。

戸田氏略系図（『本藩暦譜』から作成）

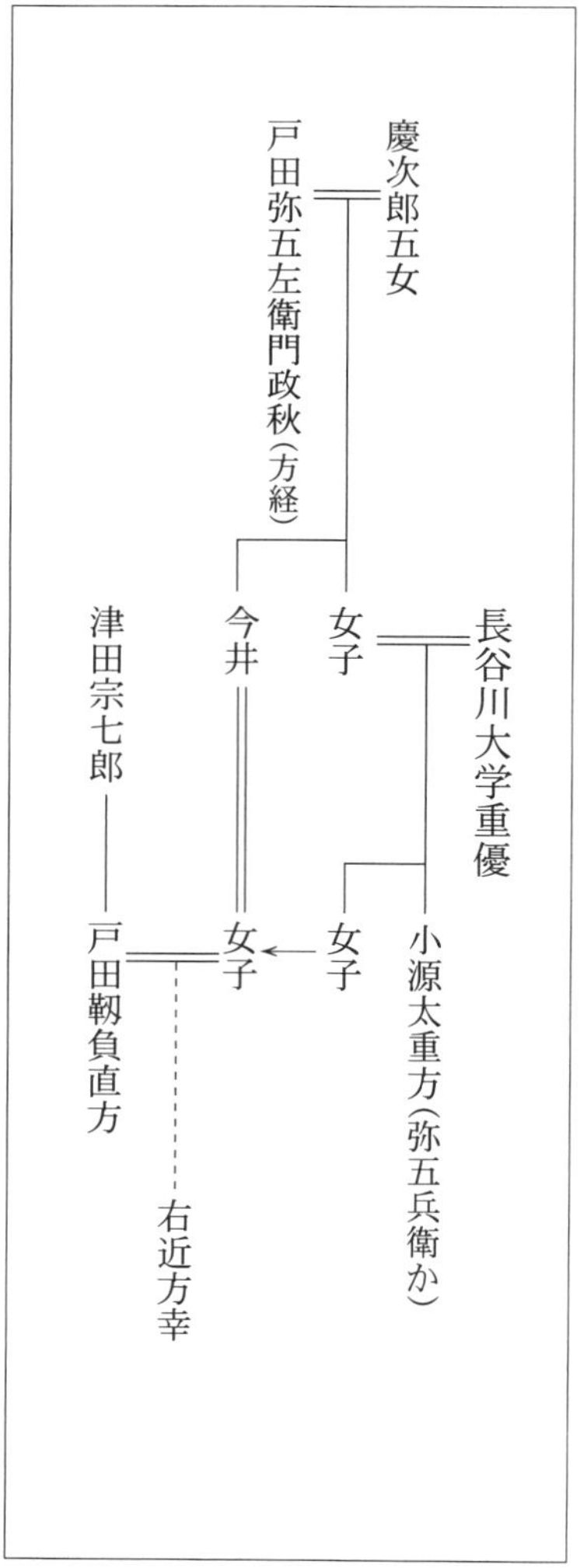

方勝以後、左馬助方秋―七郎兵衛方信―弥五兵衛方敬―左近方矩―福次郎方詮―七郎兵衛方道―左馬介方慶―弐部方安―豊太郎―青海と跡目が相続されたとする。方秋は二百石で利常の側近となり、以後たびたび加増され、寛文五年（一六六五）には六百五十

石で手廻組に属し、利常の参勤、帰国の際の接待を務めた。方秋の妹が今井で、加賀五代藩主綱紀の乳母となり、戸田斎宮家の祖となったとされる。方敬は富山二代藩主正甫《まさとし》に仕え、のち小姓組から家老職に就任し、千石を拝領した。以後、戸田家は富山藩家老のほか同藩の重職についたとされる（『角川富山県姓氏家系大辞典』）。

なお、『前田慶次殿伝』には、前田修理（知好）が話を詰めて、慶次郎の娘を戸田弥五左衛門の妻とし、大坂の陣の時には牢人であった弥五左衛門を修理の一手として加え、従軍させたことが見える。『元和之侍帳』には利常側近の「御羽織衆」の一人として「三百五十石　戸田弥五左衛門」と見える（『加賀藩初期の侍帳』）。

戸田氏について、富山藩側の史料には加賀藩のものと記事に異同も見られるが、慶次郎の血は、五女を介して戸田家の中に確実に受け継がれていったことがうかがわれる。慶次郎の最期を看取った野崎八左衛門が禁忌を犯して口述筆記させた遺書は、八左衛門の主人となった戸田氏から同氏の出である今井の手を経て、さらに綱紀に伝えられ、『考拠摘録』に収められたものと思われる。なお、利家が使用したソロバンも、利家の娘千代から、彼女に奉公した今井の手を経て綱紀に献上され、現在、前田育徳会の所蔵となっているのだ。

おわりに

最近、前田慶次郎を題材とする図書が数多く刊行されている。さらに、慶次郎を主人公とする時代小説、隆慶一郎『一夢庵風流記』（新潮文庫、集英社文庫）を原作として、原哲夫氏がマンガ化した『花の慶次』全十八巻が、学生やサラリーマンなどに好評で、週刊『コミックパンチ』への再掲載、コミック新装版の発刊がなされるという（『ＴＨＥ21』289）。また、「花の慶次」のネーミングで、パチンコ台が登場するほどである。

慶次郎のイラストも、「かぶき者」としてのコスチュームをまとった、精悍で躍動的な「イケメン」という、若い女性の歴史ファンのみならず、男性から見ても圧倒されてしまうほどの風貌が読者の視線をとらえている。それほどまでに、現代のヒーローとしての慶次郎をめぐる現象は盛況である。

バブル崩壊以後の経済の低迷、上向きかけていた景気も、投機目的の原油高騰に始まって、米国のサブプライムローンの破綻を契機とする国際金融の歪み、円高などによって、再び百年に一度といわれる不況の時代へと逆行している。年金問題のほか、政策なき政治の無力化とともに、生き残りをかけた有力企業でのリストラ、新採学生の内定取消し、派遣切りも加速、庶民生活は疲弊している。経済格差は拡大し、庶民生活を圧迫している。現代社会を生きるためには、結局、自力救済を模索するしか道はないのだろうか。

前田慶次郎を題材とする歴史書、小説、マンガ本、さらにパチンコ台などが登場するところに、そんな世相が大いに反映されていることは否めない。孤立無援の中、自力で生きていく道を考えていかねばならない現代社会というのは、かつての「戦国」の世にも似ていると思う。下剋上、戦争という解決手段を経て統一国家を完成させた十七世紀初頭の時代は、依然として物騒な時代であった。統一政権は従来の自力救済の道を否定しようとしたが、不安定な社会状況がこれを許さなかった。

慶次郎に代表される常軌を逸した思考のもとで、衣装を凝らして歴史の舞台を闊歩した「かぶき者」たちの存在こそが、動乱の余韻を如実に物語る、社会不安の象徴であった。利家を冷水風呂に入れて、颯爽と前田家から出奔した話や、天下人秀吉の御前で猿まねをして、人々の度肝を抜いた話など、ウィット（機知）に富み、時の権力者秀吉をも揶揄する爽快感あふれる活躍に、直江兼続との人情味あふれる友情など、慶次郎の枚挙にいとまのない逸話は、後世にさまざまに脚色され尾ひれが付いていったものである。「かぶき者」慶次郎の生き

小説『一夢庵風流記』表紙
（隆 慶一郎 著／新潮文庫）

方、世界観などは、その時々の世相を反映して、現代社会にあっても若い人々を中心として共感を得てヒーローとして復活したものである。

十年前に『槍の又左・前田利家—加賀百万石胎動—』（新人物往来社刊）を上梓して以来、加賀藩成立の上で、「光」として生きた利家の対極に、「影」の部分として生きた慶次郎を中心に据えた一書を成したいという思いがあった。ところが、慶次郎に関する具体的な生き様、実像については、わからない点が余りにも多いのだ。

家督継承の予定者として前田家に養子に入ったものの、信長の「鶴の一声」で、養父利久は弟利家に家督を譲らなければならなくなり、慶次郎への家督継承の夢は潰えた。以後、生き様を知る確かな史料は、断片的にしか残っていない。一旦は利家に仕えるものの、出奔。その後の多くの逸話に彩られた人物として、小説家にとっては格好の題材になり得るのだ。時代小説の登場人物として、歴史上のヒーローとなった慶次郎が再び息を吹き返し、復活がなされたのだ。

歴史研究者の眼から見れば、史料的な制約から、実にやっかいな人物の範疇に入る。慶次郎に関係する一等史料が、ほとんど残っていないのだ。まさにお手上げの状況であった。そこで、本書では多くの逸話を根底から否定するのではなく、逸話にはそれなりの史的背景があったことに留意した上で、「時代が人を創る」「人が歴史を創る」という点を重視した。慶次郎が生きた時代（十六世紀三十年代～十七世紀初頭）とは、いったい如何なる時代であったのかを背景として考えてみた。

また、家督を持っていかれたライバル利家と慶次郎の関係は、まさに加賀百万石成立の上で、「光」と「影」の関係でもあったことを軸として考察を試みた。関ケ原合戦後の加賀前田家は、徳川家に次いで外様第一の雄藩となり百二十万石の大大名となったが、二代藩主利長は守成に徹し、「かぶき者」慶次郎の動向にも監視の眼を光らせた。したがって、慶次郎の終焉の地について、近年では米沢終焉説が有位に見られているが、あくまでも加賀藩側の立場、視点から、大和苅布終焉説からの考察を試みた。そのため、紙数の都合から会津以後の逸話について、割愛せざるを得ないものもある。

多くの逸話に彩られ、時代小説の中から飛び出した慶次郎は、今やコンピューター・グラフィックスを通して、若くてイケメン、女性にモテて、爽快で筋肉質、躍動感のある人物像にカッコよく再現されている。

ところで、慶次郎の虚像と実像の間にはかなりの隔たりがあることも否めない。第一にそれぞれの逸話の時期に重ね合わせてみると、慶次郎の年

漫画『花の慶次』表紙
（原作：隆慶一郎・漫画：原哲夫・麻生未央／NSP1990 徳間書店）

齢は五十〜六十歳を越えたオヤジからジイサンだったということになるのだ。

その一方で、天下御免の「かぶき者」、「いたずら者」としての慶次郎の気風は終生変わらなかったと思う。それゆえ、慶次郎の気概、心象風景は若くて、「イケメン」「カッコいい」、女性にモテても一向に構わないと筆者は思う。何ごとにも動じず、自分を貫いた慶次郎は、むしろ、今流にいえば、苦味ばしった「ダンディズム」を秘めた「ちょいワルおやじ」のようにも思われるのだが……。気は若くても、老境が見えてきた筆者にとっても共感すべきところを具有する魅力ある人物であることは否めない。

要は現代の世相を背景とする新たな慶次郎の人物像、生き様を通して、現代を生きる糧として、どれだけ人生に反映できるかといった問題意識を持ち得るかどうか。その点にこそ、「かぶき者」を超越した「いたずら者」慶次郎の存在意義を認めるべきではないかと思うのだ。

なお、本書を成すに当って、『上杉謙信大事典』の執筆以来、永年ご指導を賜っている花ヶ前盛明先生から出版のお勧めを頂き、心暖まる励ましを得た。また、編集に尽力された宮帯出版社の宮下玄覇、勝部智、石岡俊一、田中愛子の各氏に対しても心より、感謝したい。

二〇〇九年七月

筆者

付録

前田慶次郎関連年表

年号	西暦	齢	事項
天文 二	一五三三	1	この年、前田慶次郎が誕生する。
天文 三	一五三四	2	この年、尾張那古野城で織田信長が生まれる。
天文 六	一五三七	5	この年、尾張中村で豊臣秀吉が生まれる。
天文 七	一五三八	6	この年、又左衛門利家が尾張荒子城で生まれる(利家の生年については天文六年説もある)。
天文一一	一五四二	10	三河岡崎城で徳川家康が生まれる。この頃、前田慶次郎が誕生する(米沢藩関係資料)。
天文一六	一五四七	15	この年、利家夫人松が生まれる。
弘治 元	一五五五	23	1月、越後坂戸城で上杉景勝が生まれる。
永禄 二	一五五九	27	6月、利家が同朋拾阿弥を斬り、清須城より出奔する。
永禄 三	一五六〇	28	5月、桶狭間合戦で織田信長が今川義元を破る。義元討死。7月、荒子城主前田利春(利久・利家兄弟の父)が亡くなる。慶次郎の養父利久が荒子城主となる。この年、越後で直江兼続が誕生。また、近江で石田三成が生まれる。
永禄 五	一五六二	30	1月、利家の嫡男利長が尾張荒子城で生まれる。
永禄一二	一五六九	37	10月、信長の命により、利久が前田の家督を弟利家に譲る。利久・慶次郎父子、奥村永福らが荒子城から退去する。利家が荒子城主となる。
天正 元	一五七三	41	11月24日、利久・利家兄弟の母竹野氏女が死去する。法名は長齢院妙久大姉。
天正 三	一五七五	43	9月、利家が越前府中城主(三・三万石)となる。

天正一〇	一五八二	50	6月、本能寺の変。織田信長が滅ぶ。
天正一一	一五八三	51	4月近江賤ヶ岳合戦で、羽柴秀吉が柴田勝家を破る。勝家は越前北庄城で滅亡する。利家が加賀二郡(河北・石川)を加増され、のち能登小丸山から金沢城に居城を移す。この頃、慶次郎が能登に赴き、利家に仕える。
天正一二	一五八四	52	羽柴秀吉が織田信雄・徳川家康と対立。小牧・長久手合戦起こる。北陸では代理戦争とも言うべき前田利家と越中の佐々成政との抗争が起こる。8月、能登末森城合戦。利久は金沢城留守居を勤め、慶次郎は出陣。
天正一三	一五八五	53	8月秀吉が越中を平定、佐々成政が降伏する。9月、秀吉が利家に羽柴筑前守の姓・受領と、越中三郡を利家に加封する。また、利久の金沢城留守居の勤めを「老いの武篇」と褒める。
天正一四	一五八六	54	5月、上杉景勝が上洛、慶次郎が金沢で景勝・兼続主従と初めて対面か。
天正一五	一五八七	55	8月14日、養父利久が金沢で死去する。法号は「真寂院殿孤峰一雲居士」。野田山に葬られる。
天正一八	一五九〇	58	2月、秀吉の関東攻め、奥羽平定に利家・利長父子に従軍。
文禄三	一五九四	62	4月、利家が権中納言に叙任される。5月、舅安勝が七尾で死去する。法号は「天翁道清居士」、長齢寺に葬られる。のち、慶次郎が利家の下から出奔か。
慶長三	一五九八	66	夏、慶次郎が上杉家に仕官する。8月、秀吉が伏見城で死去。
慶長四	一五九九	67	閏3月3日、利家が大坂城内で死去する。享年62。法号は「高徳院殿桃雲浄見大居士」。金沢野田山に葬られる。9月、上方で利長謀反の風聞立つ。
慶長五	一六〇〇	68	5月、芳春院(利家夫人松)が人質として、伏見から江戸に赴く(前田利長が東軍に属する)。9月15日、関ケ原合戦で西軍が敗れる。10月、戦功により利長が加賀・越中・能登三ヶ国(一二〇万石)の国主となる。この間、慶次郎は、出羽最上口などで戦功を立てる。
慶長六	一六〇一	69	8月、上杉景勝が陸奥会津(一二〇万石)から出羽米沢(三〇万石)に転封。10月、京から米沢へ下向、『道中日記』を記すとされる。この間、慶次郎は出羽最上口などで戦功を立てる。

慶長 八	一六〇三	71	2月、徳川家康が征夷大将軍となり、江戸に幕府を開く。
慶長 九	一六〇四	72	8月、京で豊国臨時祭（七回忌）が挙行される。
慶長一〇	一六〇五	73	4月、家康が隠居、将軍職を秀忠に譲渡する（大御所政治の開始）。6月、加賀藩主前田利長が弟利光（利常）に家督を譲渡し、越中富山城に隠居する。10月、利家股肱の臣村井長頼が江戸で死去。11月9日、慶次郎が大和苅布で死去する。享年七三、法号は「龍砕軒不便斎一夢庵主」。同地安楽寺に葬られる（終焉の地を陸奥会津田畑村の百姓大隅の家とする説もある）。
慶長一七	一六一二		6月4日、慶次郎が出羽米沢で死去するという説もある〔米沢藩関係資料による〕。
承応 元	一六五二		『野崎八左衛門知通筆記』（加賀藩）成る。
寛文 元	一六六一		『北越耆談』（米沢藩）成る。
寛文 九	一六六九		『上杉将士書上』（米沢藩）が加筆され、幕府に献上される〔原本は慶長二〇年とされる〕。
寛文一二	一六七二		『壬子集録』（加賀藩）成る。
延宝 八	一六八〇		『武辺咄聞書』成る。
宝永年間	一七〇四～一一		『三壷聞書』（加賀藩）成る。
享保 九	一七二四		これ以前に前田綱紀『桑華字苑』成る〔寛文一二年～〕。
延享 元	一七四四		この年以前に『可観小説』（加賀藩）成る。
明和 九	一七七二		『常山紀談』全巻が浄書される〔元文四年＝一七三九に数巻成る〕。
安永 四	一七七四		これ以後『混見摘写』（加賀藩）成る。
天保 九	一八三八		『本藩歴譜』（加賀藩）が作成される。

前田慶次郎関係略系図

（『加賀藩史料』編外備考などを参考に作成）

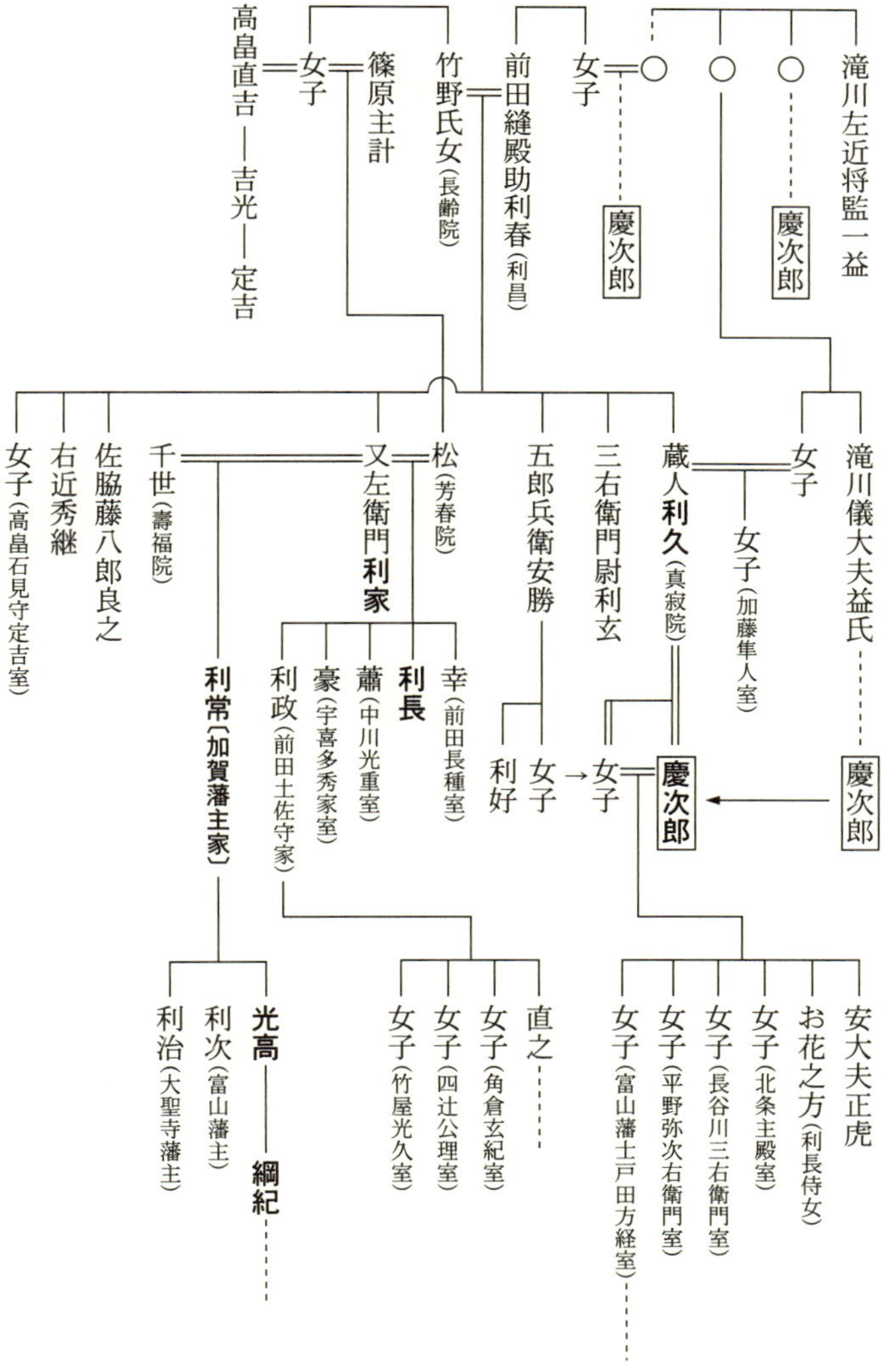

滝川左近将監一益
慶次郎
慶次郎
女子
前田縫殿助利春（利昌）
竹野氏女（長齢院）
篠原主計
女子
高畠直吉
吉光
定吉
滝川儀大夫益氏
慶次郎
女子
蔵人利久（真寂院）
女子（加藤隼人室）
三右衛門尉利玄
五郎兵衛安勝
松（芳春院）
又左衛門利家
千世（壽福院）
佐脇藤八郎良之
右近秀継
女子（高畠石見守定吉室）
慶次郎
女子
女子
利好
幸（前田長種室）
利長
蕭（中川光重室）
豪（宇喜多秀家室）
利政（前田土佐守家）
利常（加賀藩主家）
安大夫正虎
お花之方（利長侍女）
女子（北条主殿室）
女子（長谷川三右衛門室）
女子（平野弥次右衛門室）
女子（富山藩士戸田方経室）
直之
女子（角倉玄紀室）
女子（四辻公理室）
女子（竹屋光久室）
光高
綱紀
利次（富山藩主）
利治（大聖寺藩主）

前田慶次郎関係略地図

『前田慶次道中日記』行程
慶長6年（1601）伏見から出羽米沢まで
○は経過地
◎は宿泊地
越後国
春日山
善光寺
上田
畑谷
山形
長谷堂
上ノ山
米沢
11.19
石仏
11.18
松川
板谷
庭坂
福島
11.17
大森
八丁目
11.16
二本松
本宮
11.15
高倉
郡山
笹川
岩瀬
須賀川
11.14
八木
大田川
白河
芦野
11.13
鍋掛
大田原
11.12
佐久山
11.11
狐川（喜連川）
氏家
宇都宮
11.10
壬生
栃木
小山
犬伏
11.9
八木
新田
11.8
キ崎
11.7
柴の渡し
鉢形
厩橋
倉賀野
神流川
11.6
安中
松井田
坂本
碓氷峠
11.5
軽井沢
長窪
望月
和田
下諏訪
諏訪湯本11.3
水戸
河越
八王子
江戸
富士山
小田原

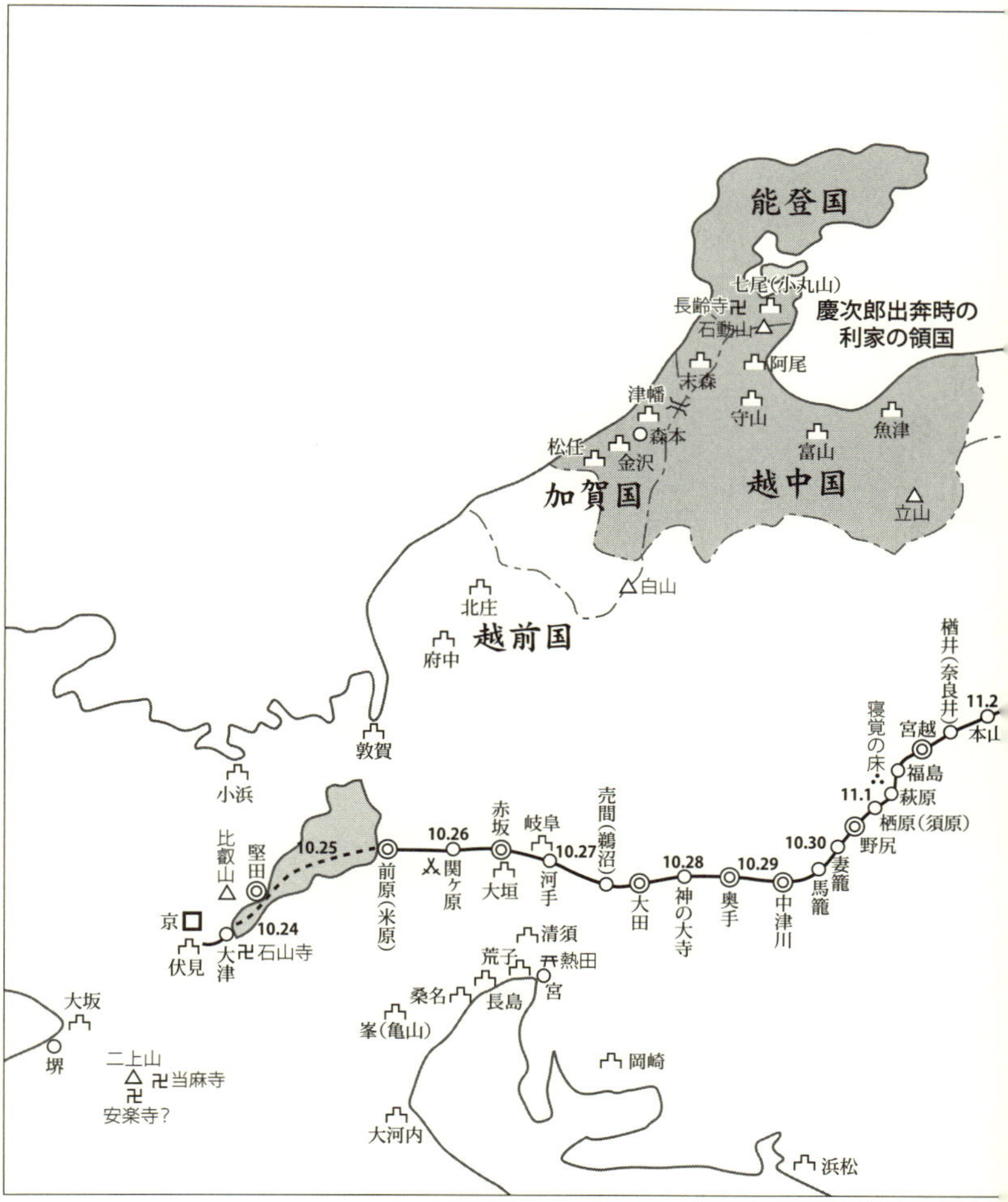
能登国
七尾（小丸山）
長齢寺
石動山
慶次郎出奔時の
利家の領国
末森
阿尾
津幡
守山
魚津
森本
富山
松任
金沢
加賀国
越中国
立山
白山
北庄
越前国
府中
楢井（奈良井）
11.2
本山
寝覚の床
宮越
福島
11.1
萩原
栖原（須原）
10.30
野尻
妻籠
馬籠
10.29
中津川
10.28
神の大寺
奥手
大田
売間（鵜沼）
10.27
河手
岐阜
赤坂
大垣
10.26
関ヶ原
前原（米原）
10.25
堅田
比叡山
京
10.24
大津
石山寺
伏見
敦賀
小浜
清須
荒子
熱田
宮
桑名
長島
峯（亀山）
大坂
堺
二上山
当麻寺
安楽寺？
岡崎
大河内
浜松

主要参考文献

◎基本史料・年表・辞典など

前田育徳会『加賀藩史料』第一・二、藩末編下、編外備考
『本藩歴譜』（『金沢市史』資料編三近世一）
『温故集録』一　金沢市図書館叢書　金沢市立玉川図書館
太田牛一著、奥野高広・岩沢愿彦校訂『信長公記』　角川文庫
小瀬甫庵『太閤記』岩波新日本古典文学大系六〇
奥野高広『織田信長文書の研究』上・下・補遺　吉川弘文館
『愛知県史』資料編一一　織豊1
工藤定雄解題「前田慶次道中日記」（原田伴彦・竹内利美・平山敏治郎編『日本庶民生活史料集成第八巻見聞記』）　三一書房
菊池真一編『武辺咄聞書〈京都大学附属図書館所蔵〉』和泉古典文庫五　和泉書院
湯浅常山、森銑三校訂『常山紀談』中巻　岩波文庫
山田四郎右衛門『三壷聞書』　郷土図書叢刊　石川県図書館協会
青地礼幹『可観小説』後編　金沢文化協会出版
『徳川実紀』一　改訂増補国史大系　吉川弘文館
『慶長見聞録案紙』『慶長日記』『慶長・元和年録』（内閣文庫所蔵史籍叢刊六五）　汲古書院
時慶記研究会編『時慶記』第一、二巻　臨川書店
「北越耆談」「上杉将士書上」（井上鋭夫校注『上杉史料集』下）　人物往来社
『御夜話集』上編　石川県図書館協会
岡崎繁実『武将言行録』　岩波文庫
歴史学研究会編『岩波日本史年表』　岩波書店

日本歴史学会編『国史大辞典』一～一四　吉川弘文館
日置　謙『加能郷土辞彙』(復刻)　北國新聞社
高柳光壽・松平年一『戦国人名辞典』　吉川弘文館
『石川県姓氏歴史大辞典』『富山県姓氏家系大辞典』　角川書店
鈴木棠三『日本年中行事辞典』角川小辞典一六　角川書店
坂本武雄・坂本清和『三訂増補公卿辞典』　国書刊行会
『京都市の地名』日本歴史地名大系二七　平凡社
花ヶ前盛明編『直江兼続大事典』　新人物往来社

◎概説・慶次郎関連個別書
『新修名古屋市史』第二巻
杉山　博『戦国大名』中公日本の歴史一一　中央公論社
林屋辰三郎『天下一統』同一二　同
戦国歴史研究会『前田慶次』戦国闘将伝　ＰＨＰ研究所
今福　匡『前田慶次　武家文人の謎と生涯』　新紀元社

◎その他
岩沢愿彦『前田利家』人物叢書　吉川弘文館
谷口克広『合戦全録』中公新書一六二五　中央公論社
福井款彦「熱田神宮と前田利家―社家松岡家との関係及び慶次郎奉納刀について―」(熱田神宮社報『あつた』一九七号)
『天地人』展図録　サントリー美術館
旧参謀本部編集、桑田忠親・山岡壮八『関ケ原の役』　徳間文庫
安藤英男『関ヶ原合戦写真集』　新人物往来社

『野望！武将たちの関ケ原』（別冊歴史読本八〇四）　新人物往来社
『直江兼続の生涯』（別冊歴史読本八一五）　新人物往来社
花ヶ前盛明編『直江兼続のすべて』　新人物往来社
貝塚茂樹・川勝義雄訳『司馬遷　史記列伝』世界の名著一一　中央公論社
林屋辰三郎『素庵』朝日評伝選一九　朝日新聞社
中野孝次『本阿弥行状記』　河出書房新社
小松茂美『光悦書状』　一　二玄社
『秀吉と京都・豊国神社社宝展』図録　豊国会・豊国神社
増田孝解説『慶安手鑑』　文献出版
守屋毅『京の芸能―王朝から維新まで―』　中公新書五五五
守屋毅『日本中世への視座―風流・ばさら・かぶき―』　ＮＨＫブックス四五九
北川忠彦校注『閑吟集・宗安小歌集』新潮日本古典集成　新潮社
杉浦明平『戦国乱世の文学』　岩波新書五五七
金谷治訳注『論語』　岩波文庫
小高敏郎『松永貞徳の研究』　臨川書店
小高敏郎校注『戴恩記』　岩波日本古典文学大系九五
米原正義編『細川幽斎・忠興のすべて』　新人物往来社
中村直勝『後水尾天皇とその時代』（『中村直勝著作集』一一歴史の発見（上））　淡交社
「桃山の光源氏猪熊少将の破天荒な生涯」（『茶と骨董』ＶＯＬ一〇）　宮帯出版社
池田『槍の又左・前田利家―加賀百万石の胎動―』　新人物往来社
池田『前田利家』（人物歴史丸ごとガイド）　学研ほか

〔著者紹介〕
池田公一（いけだ こういち）
1952年金沢市生まれ。東洋大学大学院修士課程修了（日本史学専攻）。角川文化振興財団で地名辞典の編纂に従事。現在、北國総合研究所研究員。前金沢星稜大学非常勤講師、戦国史研究会々員。編著書に『中世九州相良氏関係文書集』〔文献出版刊〕、著書に『槍の又左・前田利家―加賀百万石の胎動―』『肥後相良氏一族』〔以上、新人物往来社刊〕、『前田利家』（人物歴史丸ごとガイド）、『古文書も読めるくずし字辞典』〔学研刊〕、共著に『角川日本地名大辞典』（茨城・石川・熊本ほか）、『石川県姓氏家系大辞典』『富山県姓氏家系大辞典』〔以上角川書店刊〕、『戦国合戦大事典』『戦国大名閨閥事典』『上杉謙信大事典』『直江兼続大事典』『前田利家のすべて』『佐々成政のすべて』『大谷刑部のすべて』『島左近のすべて』『新編上杉謙信のすべて』、『野望！武将たちの関ケ原』（別冊歴史読本）『直江兼続の生涯』（同）〔以上、新人物往来社〕、『前田利家と戦国四十人』、『薩摩の群像』『図説縄張のすべて』（歴史群像シリーズ）〔以上、学研刊〕、『ビジュアル戦国一〇〇〇人』〔世界文化社刊〕、『利家とまつに学ぶ』『おもしろ金沢学』〔北國新聞出版局〕ほか多数。

傾奇者叢書

戦国の「いたずら者」前田慶次郎

2009年9月15日 第1刷発行

著　者　池田 公一
発行者　宮下 玄覇
発行所　株式会社宮帯出版社
〒602-8488
京都市上京区真倉町739-1
電 話（075）441-7747㈹
http://www.miyaobi.com
振替口座 00960-7-279886
印刷所　シナノ書籍印刷株式会社
定価はカバーに表示してあります。
落丁・乱丁本はお取替えいたします。

 ISBN978-4-86366-055-7 C3021